Curar con el poder de los ángeles

JANA HAAS

Curar con el poder de los ángeles

Ejercicios y prácticas para la curación energética del cuerpo y del alma

Traducción de Jorge Rus Sánchez

edaf

MADRID - MÉXICO - BUENOS AIRES - SANTIAGO
2017

Diseño de cubierta: Gerardo Domínguez

Editorial EDAF, S. L. U.
Jorge Juan, 68. 28009 Madrid
http://www.edaf.net
edaf@edaf.net

Algaba Ediciones, S.A. de C.V.
Calle, 21, Poniente 3323, Colonia Belisario Domínguez
Entre la 33 Sur y la 35 Sur
Puebla, 72180, México. Tfno.: 52 22 22 11 13 87
jaime.breton@edaf.com.mx

Edaf del Plata, S. A.
Chile, 2222
1227 - Buenos Aires, Argentina
edaf4@speedy.com.ar

Edaf Chile, S.A.
Coyancura, 2270, oficina 914, Providencia
Santiago - Chile
comercialedafchile@edafchile.cl

Marzo de 2017

ISBN.: 978-84-414-3712-8
Depósito Legal: M. 4.043-2017

PRINTED IN SPAIN — IMPRESO EN ESPAÑA

Contenido

Aviso importante

Este libro ofrece información sobre puntos de vista espirituales, así como experiencias personales, junto a métodos de prevención globales y medidas espirituales y psicosomáticas para fortalecer el poder de autocuración y la personalidad. No sustituye ni al diagnóstico ni a la terapia indicados por un profesional médico debidamente formado, en el caso de enfermedades o problemas de salud. Si usted padece molestias severas o crónicas, por favor, busque la ayuda profesional de aquellos médicos, naturópatas o psicólogos que se muestren abiertos a un enfoque y un tratamiento integrales.

Indicaciones para su lectura

Para simplificar el lenguaje, la autora emplea principalmente la forma masculina. En los ejercicios y las explicaciones para el uso de las oraciones y el significado de los símbolos, la autora recurre al «tú», más directo que el «usted».

1

Portadores de luz: lo que realmente somos

Cuál es la cualidad eterna e indestructible de cada persona.
Cómo descubrir la fuente de luz inagotable que hay en nosotros.
Cómo utilizar esta energía para curar en todos los niveles de la vida.

Nosotros, las personas, somos los encargados de llevar la luz a la materia. Tenemos la tarea de conservar en armonía el equilibrio de la vida. Para ello debemos aprender a actuar de igual modo en lo bueno y en lo malo, en los momentos de alegría y en los de tristeza. Nuestra tarea individual es la de mantener la conexión con la luz como si de un «canal» se tratase y percibir, así, que también nosotros somos luz divina. Una vez conscientes de que somos luz divina, nuestra tarea colectiva es usar este conocimiento para organizar mejor nuestra vida y ayudar a los demás a experimentar lo mismo.

Hoy en día tenemos acceso a distintas y numerosas tradiciones, así como a métodos curativos de diferentes culturas. Naturalmente, no hay ni hubo nunca una panacea. La tarea y hasta ahora única opción curativa consiste, más bien, en encontrar y dar a nuestra vida un enfoque individual.

Solo en la unión con nosotros mismos, con nuestro yo verdadero, se desarrolla el poder de la confianza elemental. Este poder es condición indispensable para una curación auténtica y duradera. La confianza elemental consiste en vivir sin juicios ni prejuicios, sin un punto de vista convencional ni patrones que nos limiten. De esa manera viviremos con una claridad plena que no se verá empañada por altibajos ni por un caos de ideas y sentimientos. Solo entonces podremos percibir el sentido de la vida en cada paso y acontecimiento, solo entonces podremos percibir la conexión ininterrumpida con las energías luminosas del cielo. En eso consiste también aquello a lo que llamamos confianza elemental: la certeza de que, como luz de la luz, somos dignos de obtener la salvación y la curación, y de que las energías celestiales fluyen a través de nosotros. Con esta actitud interior la persona se abre a las energías curativas de la fuente divina. Mediante una confianza despierta, seremos cada vez más capaces de dejar atrás obstáculos y cargas y experimentar la curación.

A diferencia de lo que ocurría en el pasado, hoy en día, la autoestima en consonancia con el universo desempeña un papel importante en el sentido de la vida y la curación plena. Una autoestima, por tanto, que no se construya a costa de los demás y que no sea consecuencia de la competencia o la oposición, sino que se levante a través de la consciencia de formar parte importante de un todo mayor.

No hace falta (ni tampoco deberíamos) llevar una vida de ermitaño como solían hacer antiguamente las personas, para desarrollar la espiritualidad y la santidad. Si cuidamos de forma consciente nuestra conexión con la luz divina y sus mensajeros, los ángeles, se puede (y se debe) vivir de forma consciente, e incorporando con éxito la curación a la familia, el trabajo y el día a día.

Las personas somos luz y materia, cuerpo y espíritu, corazón y alma. Somos complejas totalidades individuales. Al mismo tiempo, estamos unidos de forma inseparable con la totalidad de la vida, el universo y el indefinible poder de la creación.

La curación significa, por un lado, vivir de forma consciente con este enfoque y, por otro, con plena atención a la salud.

La plenitud significa, también, servirse tanto de los medios que la naturaleza nos proporciona como de aquellos que podemos encontrar en la farmacia; aplicar los métodos de la medicina ortodoxa, así como los de la medicina alternativa.

Además de los enfoques de la naturoterapia y los de la medicina ortodoxa, existe un tercer método: la curación espiritual mediante las energías luminosas de la consciencia. Aquí la curación con ángeles y los poderes de estos juegan un papel esencial. Este tercer enfoque es el que vamos a tratar en este libro.

La citada vía ofrece a los lectores nuevas posibilidades prácticas para curar con el poder de los ángeles. Para ello, le permite descubrir su propio acceso interior a la fuente de curación y emplearla de forma razonable tanto para uno mismo como para los demás. Conduce a una mayor comprensión, activa las energías (auto)curativas, ayuda a examinar los poderes energéticos en su origen luminoso y a manejarlos de forma correcta y segura. El libro muestra, a través de una serie de sencillos ejercicios, de qué forma se puede establecer contacto con los propios ángeles y sumergirse con ellos.

En este libro el trabajo curativo con los ángeles se explica de una manera responsable y rigurosa. ¿Cómo se ven los ángeles a sí mismos? ¿Cómo podemos relacionarnos con ellos? ¿De qué forma podemos curarnos a nosotros mismos o a nuestra familia? ¿Cómo podemos tratar a nuestros clientes de forma responsable?

Este libro le servirá de guía para establecer contacto con los ángeles y los seres de luz del mundo espiritual, y para llevar a cabo la curación a nivel corporal y espiritual. Le mostrará cómo los ángeles acompañan a las personas a lo largo del proceso curativo, permitiéndoles experimentar las energías sanadoras.

Está indicado para aquellas personas que quieren desarrollar su percepción energética, así como para aquellas que desean ayudarse a sí mismas y a sus más allegados mediante los procesos curativos. Estas páginas también están destinadas a todos aquellos profesionales de la curación que deseen aprender nuevos métodos espirituales de sanación fáciles de aplicar. Por eso, se trata de un libro para la toma de conciencia, la curación y la autocuración.

Por otra parte, también busca proporcionar a los lectores su propio acceso al «poder de Cristo», la luz curativa interior que hay en cada persona. Ofrece ejercicios prácticos para la curación y la autocuración, así como posibilidades y otros métodos para profesionales de la sanación que deseen avanzar por el camino de los ángeles y del trabajo luminoso.

Hoy en día se le exige más al ser humano que antes. Todos nosotros somos capaces de hacer, ofrecer, construir, desarrollar, planear y conseguir mucho más que las personas de hace siglos e, incluso, décadas. La conciencia de muchos de nosotros está hoy en día tan abierta y desarrollada que casi cualquiera está en disposición de comprometerse consigo mismo, tomar decisiones y asumir su propia responsabilidad.

- Todas las personas son portadoras de luz divina.
- Ahora es el momento de redescubrir este hecho.
- Desde ahí se desarrolla el poder de la confianza elemental.
- Para ello, podemos abrirnos a las energías curativas del mundo espiritual de luz y a los poderes curativos de los ángeles.

2

Miedos y etapas hacia la curación

El miedo a la muerte y el miedo a la verdadera felicidad son dos de los principales obstáculos que bloquean el acceso a la fuente de luz y curación. Cómo identificar estos miedos en sus distintas formas y, poco a poco, eliminarlos.

Cuando carecemos de toda confianza este «vacío» se llena de algún modo, la mayoría de las veces, con miedo. Los miedos son obstáculos. Los miedos nos impiden reconocer nuestra unión con la luz divina y experimentar este poder. El mundo espiritual de luz (y en él, sobre todo, los ángeles como mensajeros de luz) nos ayuda a superar los miedos y a eliminarlos. De modo que lo que hacemos es aprender directamente de los ángeles.

Puede que lo siguiente suene muy extraño: el miedo a la muerte es un reflejo del miedo a la vida. El miedo es la angustia: en lugar de la abundancia aparecerá la escasez; en lugar de la vida, la muerte; en lugar de nuestra existencia, la nada, una desaparición. ¿Por qué tenemos miedo a la muerte? Porque no somos conscientes de la riqueza de la vida «posterior», la vida que hay después de la vida material. Porque todavía no sabemos ni entendemos que, en realidad, somos luz divina. El contacto con el mundo espiritual de luz, así como las experiencias repetidas y profundas con los mensajes y los poderes de los ángeles, nos ayudan a percibir, ver y asumir cada vez mejor nuestra naturaleza espiritual de luz.

La verdadera felicidad en la vida, la sensación de estar en casa dentro de uno mismo, de encontrar la paz dentro de nosotros y saber que estamos conectados con el cielo en todo momento… ¿Por qué deberíamos tener miedo de algo así? ¿Por qué deberíamos tener miedo de alcanzar la verdadera felicidad en la vida? Tal vez, porque exige claridad espiritual, porque nos obliga a abandonar ideas a las que nos hemos acostumbrado y con las que nos sentimos cómodos, formas de pensar llenas de valoraciones y sentimentalismos. O tal vez sea porque dejamos de prestarle atención a nuestro ego y ya no podemos seguir aferrándonos a falsas seguridades.

De estos miedos surgen otros; por ejemplo, el miedo a la existencia, el miedo a la soledad, el miedo al desarrollo, el miedo a la dependencia, el miedo a lo bueno y a lo malo, el miedo a la indefensión y el miedo a Dios.

A lo largo de los siete años que llevo trabajando con los poderes de los ángeles he desarrollado una especie de programa dirigido a eliminar y dejar atrás los miedos de forma sistemática. En el primer curso de curación para principiantes, que dura siete días, trabajamos con una serie de etapas especiales hacia la curación. Estas etapas sirven para reconocer los distintos tipos de miedos y eliminarlos. Las siete etapas o temas son, por así decirlo, los pilares en los que se fundamenta la curación con ángeles. Son los siguientes:

Pilar 1: Intuición y hablar con el corazón
Pilar 2: Sensibilización y observación constante de la luz
Pilar 3: Percepción de la energía y lo sutil
Pilar 4: Identificación de los patrones y mirar más allá de las limitaciones
Pilar 5: Percibir y vivir las luces y las sombras sin necesidad de evaluación
Pilar 6. Imposición de manos y liberación energética
Pilar 7: Reconocimiento. Confianza y unidad con Dios

Pilar 1

La intuición es la puerta hacia la percepción del mundo espiritual de luz y la entrada hacia la sabiduría y verdad interiores. Los miedos existenciales nos impiden percibir el mundo luminoso y esto hace también muy complicado acceder a los poderes curativos de los ángeles. Los miedos existenciales se hacen notar, por ejemplo, cuando no persigues tu verdad, sino lo que tus padres o la sociedad te muestran. Es entonces cuando te parece que no eres capaz de sobrevivir si no haces como los demás. Sin embargo, una vez aprendes a confiar en tu corazón, puedes superar los miedos existenciales.

Pilar 2

La vida entera consiste en expandir nuestra conciencia, traspasar las fronteras, ganar nuevas experiencias y encontrar nuestro propio camino hacia la conexión con las energías curativas del cielo. Este enfoque es idóneo para dejar atrás los miedos que se originan con la sensación de soledad.

Pilar 3

Es importante que las personas se preocupen por su salud y que las energías luminosas y espirituales fluyan. Cuando estas nunca o casi nunca acuden a nosotros, tendemos a insensibilizarnos y a endurecernos a nivel físico y espiritual. En esta etapa de desarrollo se trata también de dejar atrás el miedo a desarrollarnos y el miedo a lo nuevo y lo desconocido, para que podamos abrirnos a la energía luminosa.

Pilar 4

En una personalidad equilibrada (condición para una vida armoniosa) los aspectos y las energías masculinas y femeninas están equilibrados. El apego, mantenerse en los aspectos de la personalidad que se caracterizan por fuerzas masculinas o femeninas, o bien por modelos que tienden de algún modo hacia uno u otro lado, es una de las causas principales de la falta de equilibrio en la personalidad. Esto, con frecuencia, conduce a miedos que se desarrollan en situaciones de dependencia. Solo eres capaz de reconocer la luz espiritual en todo su esplendor cuando dejas de esconderte tras viejos patrones. Pero, para poder hacerlo, antes tienes que identificarlos como tales. Yo, por ejemplo, al principio no vi ángeles luminosos, sino ciertos patrones que me definían y limitaban. Entonces me dije: «No, esa no soy yo». Fue a través de esta separación hacia lo que yo no era como pude abrirme hacia el mundo espiritual de luz y mirar más allá de mis limitaciones.

La confianza en uno mismo conduce a la confianza en otras personas. Ambas son decisivas para conseguir la confianza elemental, la confianza en Dios. Al principio, por así decirlo, el camino nos conduce en horizontal a lo largo de nuestro nivel antes de empezar a ascender, pero sin que perdamos el suelo bajo nuestros pies.

Pilar 5

Mientras las personas clasifiquen el mundo entre «bueno» y «malo», no habrá paz. El arte de la vida reside en observar y percibir las cosas tal y como son, dejando las emociones a un lado, y en aprender así a confiar en lo que les da sentido. Esto supone tener una actitud que lleve a un camino o a una salida, comportarse y vivir de forma recta y honesta. Las personas no solo temen a los «malos», sino también a los «buenos». Conozco a algunos que se resisten a ver a su ángel de la guarda o, siquiera, a intuirlo. ¿Por qué? Porque entonces deberían cuestionarse a sí mismas y la imagen que tienen del mundo.

Pilar 6

Además, en el trabajo energético tenemos la ventaja de que siempre podemos hacer algo, incluso en el lecho de muerte. Podemos aplicar el trabajo energético con las manos como ayuda preventiva o como forma de alivio. La imposición de las manos es un método de liberación energético muy práctico que elimina rápidamente el miedo a la propia indefensión.

Pilar 7

La última etapa consiste en comprender el hecho de que podemos conseguir todo aquello que necesitamos en nuestra vida independientemente de que ciertas personas nos lo proporcionen o no. Puedes obtener el amor que necesitas del universo. A veces, el miedo a Dios es el miedo a la propia infancia divina y, por tanto, al hecho de que somos herederos de la luz divina y de la todopoderosa energía creadora.

De alguna manera, nuestra cultura y nuestra religión también han contribuido a generar miedo a Dios, al mostrarnos su imagen de un ser castigador que nos habla de pecados y de la condena eterna. De este modo, por paradójico que pueda parecer, surge al mismo tiempo el miedo a lo positivo, a lo bueno, a la gracia y la misericordia divinas, ya que el subconsciente ha asociado previamente a Dios con el pecado y el castigo.

Para eliminar estos miedos solo tenemos que comprender que Dios y sus mensajeros, los ángeles, nunca nos juzgan; únicamente nos aman incondicionalmente. Solo cuando hacemos las paces con Dios adquirimos la confianza plena y la anclamos a nuestra vida.

- Los miedos, a menudo, definen nuestra vida. Sin embargo, podemos aprender a deshacernos de ellos.
- Para ello existe un camino práctico de siete etapas a lo largo de las cuales podemos reconocer primero cuáles son estos miedos y, luego, dejarlos atrás.
- Estas etapas conducen a la apertura y experiencia personal con el mundo luminoso y nuestra propia naturaleza luminosa para construir y ahondar en la confianza.

3

Ángeles, su función y sus poderes curativos

Qué son los ángeles de la guarda y qué poderes tienen. Cómo pueden mostrarse. Qué otros ángeles pueden ayudar en la curación. Qué son los arcángeles y qué poderes tienen. Reacciones frecuentes a la primera toma de contacto con el poder curativo de los ángeles.

Ángeles de la guarda

Existen ángeles de la guarda en *forma femenina.* Esto significa que la persona debería desarrollar como tarea en la vida la naturaleza femenina del corazón. Los aspectos a desarrollar serían, por ejemplo, la dedicación, la confianza y abrir el corazón.

Existen ángeles de la guarda en *forma masculina.* En este caso la persona debería desarrollar la naturaleza masculina del corazón, por ejemplo, la asertividad, el desarrollo y la creación.

La esencia del ángel de la guarda se mantiene igual durante toda la vida. Las facultades que los ángeles de la guarda nos ayudan a desarrollar fortalecen y mejoran la comprensión de la personalidad humana. Que una persona sea hombre o mujer no influye en absoluto en el hecho de que su ángel de la guarda adopte forma masculina o femenina.

También hay ángeles de la guarda en *forma neutra.* Esto sucede cuando el ángel, que de otro modo parece tener rasgos masculinos o femeninos (los ángeles se adaptan a nuestra imaginación y entendimiento), adopta de forma transitoria una forma neutra. Esto lo hace cuando el mensaje que nos trae, o el impulso que comparte con nosotros, no tiene que ver con la tarea principal de nuestra vida, sino que se refiere a cosas cotidianas, ordinarias.

Cuando se muestran a alguien dos ángeles en *forma masculina* no significa que a esa persona le vaya mejor o peor que a otra que solo se le aparece un ángel. Lo que sucede es que este individuo necesita la ayuda de dos ángeles en forma masculina para desarrollar el sentido de su vida o llevar a cabo la tarea de su vida. Por ejemplo, un ángel de la guarda para ayudarle a transformar su manera de pensar y otro para ayudarle a emplear sus energías correctamente.

Cuando se muestran dos ángeles de la guarda en *forma femenina* uno puede ayudar a esa persona a que abra más su corazón y el otro a que perciba las cualidades espirituales del cielo.

Cuando aparecen dos ángeles de la guarda, uno de ellos en *forma masculina* y el otro en *forma femenina*, la persona puede y debe desarrollar en sí ambas energías.

Un ángel de la guarda que se muestra alternativamente con *dos caras* significa que la persona debe aunar en esta vida aspectos masculinos y femeninos de su personalidad para poder desarrollar plenamente ambos.

A veces sucede que aparece un segundo ángel *en forma* de alguien *que ya ha fallecido y ha sido salvado*. Esta persona que ha sido salvada se ha convertido en ángel y ha sido asignada a un individuo que necesita una ayuda extra para superar su tristeza y desarrollar su confianza elemental.

Ángeles y nombres

Los ángeles no precisan nombre, porque no tienen necesidad de «personificarse». Los ángeles poseen una vibración que las personas con un oído fino son capaces de percibir. Es entonces cuando algunos de nosotros nos inclinamos a ponerle nombre a esta vibración. Esto puede que nos ayude personalmente, pero, según mi experiencia, no se corresponde con la realidad del mundo espiritual de luz. Los ángeles son, por así decirlo, iluminadores universales y no necesitan denominación alguna para adquirir forma individual.

Para nosotros, naturalmente, resulta más sencillo utilizar términos. Dado que algunas personas pueden sentir una gran cercanía hacia los ángeles al ponerles nombre, a ellos no les importa mostrarse pacientes con nosotros. A veces los niños les ponen nombres de flores para hacerlo un poquito más terrenales. Los adultos les dan otros que les ayudan a recordar mejor su importancia. Ese es también el motivo por el que los ángeles se han adaptado a nuestros convencionalismos: estas denominaciones describen sus tareas y, así, nos es mucho más fácil ser conscientes de ellos.

Ángeles y curación

Los ángeles de la guarda nos impulsan constantemente cuando nos hallamos en el camino correcto y nos indican cuándo tomar una nueva dirección en caso de que eso sea lo mejor para nosotros.

Cuando nos encontramos en el camino correcto, en «nuestro camino», estamos tan sanos en cuerpo y alma como se puede estar. Así que, desde el punto de vista de la curación, la tarea del ángel de la guarda no consiste en actuar o intervenir de una u otra manera sobre dolencias concretas. Lo que hace es, mediante su guía, darnos un marco que permita nuestro desarrollo de la mejor manera posible. De este modo, se preocupa (y también nosotros, si le «escuchamos») tanto de que se den las mejores condiciones para nuestra salud como de nuestra curación.

No hace falta invocar la curación de ninguna forma especial. La oración del ángel de la guarda (véase también la meditación del ángel de la guarda en la página 39) le ayuda a ver con claridad cuál es la conducta de cara a la curación que más le conviene.

«Querido mundo espiritual de luz, querido ángel de la guarda: sé bienvenido a mi vida. Toma mi mano y guíame. Actúa a través de mis actos llenos de amor. Dime mediante qué conducta interior puedo llevar a cabo la tarea que tengo encomendada. Gracias».

Otros ángeles con poder curativo

Los ángeles con poder curativo actúan a través de la imposición energética de las manos cuando así se les ha pedido con anterioridad. Los ángeles con poder curativo son algo así como astros de diferentes colores, con el tamaño de una persona. Su número es prácticamente infinito. En la curación también colocan sus manos angelicales y hablan con el subconsciente de las personas que reciben la curación. Ellos preguntan al subconsciente cuántas cargas deben reducir y siguen (aunque en la mayoría de los casos de forma inconsciente) el libre albedrío de las personas. Uno puede llamar a los ángeles con poderes curativos antes de la imposición de las manos, siempre y cuando deje entrar la paz en su corazón y lo pida, por ejemplo, así:

«Querido mundo espiritual y lleno de amor: por favor, envíanos a los ángeles que mejor puedan actuar sobre estas personas».

Ángeles del karma

Cuando llega el momento de resolver una vieja carga derivada del karma, un ángel del karma cierra la puerta al recuerdo de ese suceso. Todos tenemos un ángel del karma para nosotros que se preocupa de que resolvamos nuestro karma. Su forma es similar a la de una persona; su luz es más apacible, difusa y más bien grisácea o pardusca. Un sanador, por ejemplo, llama al ángel del karma cuando tiene la impresión de que el problema de su paciente es muy opaco y, probablemente, muy antiguo. Para ello se puede usar esta oración:

«Querido mundo espiritual de luz: haz que el ángel del karma pueda disminuir la carga de esta persona. Amén».

También los antepasados luminosos, es decir, los difuntos pueden participar en el proceso curativo. Sobre todo si los bloqueos o dolencias tienen que ver con otras personas de la familia. No hace falta que llame a los antepasados luminosos, ellos vienen por sí mismos. Tienen un aspecto similar a sombras brillantes o «blancas» que vienen y van.

Seres de la naturaleza

Estos seres luminosos pueden desempeñar un papel importante en la curación. De cada uno de los elementos básicos (fuego, luz, agua y tierra) podemos obtener energías curativas. Cuando más ayuda podemos conseguir por parte de los seres de la naturaleza es cuando nos encontramos en la propia naturaleza. Obviamente, también podemos recibir su ayuda en casa si nos abrimos a ellos espiritualmente. Para solicitar ayuda a los seres de la naturaleza tenemos que hacerlo de forma expresa, por ejemplo, así:

«Querido mundo espiritual de luz: que el poder curativo de los elementos actúe en la curación».

Resulta también muy útil visualizar y conectar mentalmente con los elementos, es decir, con el agua, el fuego, etc.

Ángeles de cristal

Estos ángeles no juegan ningún papel ni en la curación ni en el trabajo curativo, puesto que su tarea y su esencia consisten en ser mensajeros del futuro.

Arcángeles

Existe un gran número de jerarquías angelicales y definiciones distintas de los arcángeles. La mayoría de los que conocemos provienen de la religión cristiana y de la judía. Entretanto han aparecido numerosas alusiones «modernas» y, a menudo, canalizadas de arcángeles. Dependiendo del punto de vista, existen desde una docena a incontables arcángeles. Yo presentaré aquí a los siete arcángeles que me son de confianza, a los que yo puedo ver, los que siempre se me muestran como inconfundibles «campos energéticos luminosos con tareas divinas» y con los que me comunico[1].

Sobre todo, me gustaría ocuparme de las tareas curativas de estos siete arcángeles. Los arcángeles, además de activar energías curativas para determinados órganos, tienen principalmente la tarea de equilibrar nuestros nervios, curar nuestros sentimientos y llenar de paz nuestros pensamientos, es decir, establecer los cimientos y el entorno para que las vibraciones de nuestra alma y nuestra mente estén equilibradas y sanas.

La energía de los arcángeles actúa a su propia manera sobre determinados chacras y en ciertos órganos los siete días de la semana. Lo mismo sucede con los diferentes poderes curativos que poseen.

El hecho de que las energías de los siete arcángeles operen con especial fuerza uno de los siete días de la semana no se debe a ningún «capricho» del cosmos. Las personas deberíamos esforzarnos para ir a la par con el ritmo natural de cada día de la semana, ya que hay algunos días en los que estamos más abiertos a los poderes del cosmos que otros.

En este libro vamos a hablar principalmente de los poderes curativos de los arcángeles. Por ejemplo, el domingo es el día en el que mejor y con mayor eficacia podemos percibir y aprovechar el impulso del arcángel Miguel, con su capacidad para curar el pasado. Por otro lado, el lunes es el mejor día para que el arcángel Gabriel comparta con nosotros la confianza y el valor necesarios para hacer frente a las nuevas tareas.

Del mismo modo que hay un día de la semana en que los arcángeles se muestran especialmente cercanos a nosotros, los arcángeles también poseen una especial afinidad con los principales chacras. Las energías curativas son más eficaces con unos chacras que con otros. Ya se sabe que a través de los chacras estamos conectados con todos los niveles de la creación y del cielo. Los arcángeles actúan en todos los niveles. Dan energía a todos los chacras, los centros energéticos del cuerpo. Ahí nos ofrecen equilibrio, protección, y se ocupan de que la energía fluya. Dado que los órganos y las funciones de nuestro organismo están relacionados directamente con los chacras, los arcángeles también actúan de forma saludable sobre los chacras correspondientes y sus respectivos órganos y sistemas.

Los poderes de los arcángeles están al alcance de todo el mundo. Una condición indispensable para que sean efectivos es mantener con ellos una actitud espiritual interior de sinceridad y franqueza. Ahora les voy a hablar de las energías curativas, sobre las que, a lo largo de mis siete años de experiencia, he llegado al convencimiento de que constituyen una serie de energías curativas especiales de determinados arcángeles.

Miguel

La curación del pasado a través de la superación. Es decir, dejarse ir para la purificación y el fortalecimiento del flujo sanguíneo.

Domingo – Sangre – Chacra raíz

Los poderes curativos del arcángel Miguel actúan principalmente sobre el chacra raíz, el cual está relacionado con la vida y la supervivencia de las personas, con su sensación de seguridad y su confianza elemental. La tarea de Miguel es la de ayudarnos a superar nuestros miedos primarios. Es decir, eliminarlos para que podamos abrirnos de forma consciente a nuestro vínculo con Dios, ese que, debido a los miedos, ya no somos capaces de percibir ni usar.

A todos nosotros se nos ha encomendado la tarea de dejar marchar nuestro pasado personal y colectivo. Naturalmente, podemos y debemos aprender de nuestro pasado. No hay que reprimirlo ni negarlo, pero tampoco deberíamos «aferrarnos» a él ni usarlo como pretexto, ni dejar que nos paralice o lastre a nosotros o a los demás por un sentimiento de culpa. Tampoco deberíamos usar la tristeza por el pasado como una vía de escape que detenga nuestro desarrollo personal.

El arcángel Miguel nos ayuda a conseguir paz y tranquilidad y a que seamos intrépidos. Así podremos dejar marchar el pasado y dedicarnos a nuestras tareas aquí y ahora.

También por eso debemos valorar la tranquilidad y el ocio, especialmente los domingos. De esta manera conseguimos los requisitos necesarios para alcanzar este conocimiento. La tranquilidad y el ocio actúan sobre el chacra raíz desde donde se fortalece el ánimo.

Miguel, como elixir de la vida, está ligado a la sangre, a la purificación y al fortalecimiento del flujo sanguíneo. Gracias a la tranquilidad y el ocio la sangre vital necesaria se fortalece mediante nuevas energías «celestiales». De este modo alcanzamos una plenitud cada vez mayor ya que nuestra sangre física se mezcla con energías sutiles más elevadas.

La representación artística de Miguel a finales de la Edad Media y las imágenes más populares del barroco le muestran con una espada de luz como símbolo de la cruz cristiana y una lanza como atributo del poder de Jesucristo. Su rostro era combativo cuando aparecía derrotando a un dragón, el símbolo de Satán. La victoria de Miguel sobre el dragón simboliza, desde un punto de vista psicológico, el triunfo del conocimiento espiritual elevado y la conexión con los poderes divinos sobre los propios miedos; el miedo a la muerte, a la inexistencia y al mal. El arcángel Miguel se mostraba a los hombres como protector de lo justo.

Sin embargo, hoy en día yo no percibo que Miguel esté junto a las personas, sino que «levita» lejos, en lo alto de los cielos. Cuando se muestra ante mí, viste ropas rojas y naranjas y no tiene un rostro combativo, sino bondadoso, iluminado y sereno. En la actualidad, a diferencia de lo que sucedía antes, su expresión tiene mucho más que ver con el desarrollo de la humanidad, con el éxito. La lucha aquí y ahora ya no es esencial, sino la inspiración para la energía y el ánimo a través del vínculo con una fuente de poder divina y celestial que existe, a su vez, en el interior de toda persona.

ORACIÓN PARA MIGUEL

«Querido mundo espiritual de luz, querido arcángel Miguel: estoy preparado para dejar atrás mi pasado. Estoy preparado para desarrollar mi valor para el presente. Por favor, ayúdame cuando lo necesite».

Gabriel

La curación mediante la mirada alegre hacia el futuro. Así se reforzará el metabolismo y se estabilizará la digestión.

Lunes – Metabolismo, órganos digestivos – Chacra del corazón

En la actualidad comenzamos la semana por el lunes, pero no siempre fue así. Antiguamente, tanto en el calendario judío como en el cristiano, la semana empezaba por «el día del Señor» (para los cristianos el domingo y para los judíos el Sabbat, desde la puesta de sol del viernes hasta la puesta de sol del sábado). El lunes viene después del día de la tranquilidad y el ocio, es decir, es la jornada que simboliza nuevos planes, nuevas tareas y nuevos actos.

La tarea del arcángel Gabriel, que ya en el Nuevo Testamento y en el Corán aparece, sobre todo, como ángel de la Anunciación, es claramente la de fomentar lo nuevo y reforzar la energía para las tareas venideras. Solo sobre el corazón puede levantarse una y otra vez nuestro ánimo. Por eso el arcángel Gabriel está relacionado con el chacra del corazón.

Para que podamos encontrar valor, tenemos también que «digerir» la vida. Si no, no seremos realmente libres como para dejar entrar lo verdaderamente nuevo. El metabolismo y los órganos digestivos (las mucosas, la linfa y demás) se fortalecen con los poderes curativos de este arcángel.

Antes solía representarse a Gabriel con un lirio en la mano; con frecuencia aparecía en los cuadros con rasgos femeninos. Quiero decir que el lirio simbolizaba habitualmente la pureza del corazón, pero, sobre todo, simbolizaba los rasgos femeninos de la plenitud del corazón y el amor del corazón.

Yo veo al arcángel Gabriel con una luz divina. Viste de blanco e irradia un halo infinito de luz y amor. La mayoría de las veces está muy próximo a alguna persona. Gabriel está permanentemente ligado a la creación. Veo en él un rostro sincero y amable. Confía y está dedicado por completo a la tarea de conseguir que todo el mundo encuentre su propia verdad. Él comparte con nosotros los pasos que debemos dar para abrirnos a las nuevas tareas y posibilidades que tenemos ante nosotros. Una característica especial que veo en Gabriel es el largo pelo blanco que le cae sobre los hombros.

ORACIÓN PARA GABRIEL

«Querido mundo espiritual de luz, querido arcángel Gabriel: espero con ilusión mi futuro y lo miro con plena confianza. Te ruego me ayudes a diseñar un futuro saludable».

Samael

Fortalecimiento de la capacidad de concentración y de la capacidad de resistencia. Curación del sistema endocrino.

Martes – Sistema endocrino – Chacra sacro

El martes se encarga de continuar lo que empezó el lunes. Esto refuerza la capacidad de resistencia y la esperanza, sobre todo, cuando nos encontramos en una etapa difícil de nuestra vida. Los martes debemos concentrarnos en mantenernos en el camino que hemos empezado, especialmente cuando aparecen dificultades a lo largo de él.

En el islam Samael es el ángel que dirige a los otros ángeles de la alabanza del «sexto cielo». En el Talmud se dice que Samael fue enviado por Dios al cielo en busca del alma de Moisés tras su muerte. Pero Samael también está relacionado con la perseverancia y la capacidad de resistencia. En este punto existe una relación con el chacra sacro. Tal vez esta conexión con los poderes de la creación que se manifiestan en la sexualidad sea una de las razones por las que al arcángel Samael algunas veces se le tilda de «problemático» en antiguos escritos dogmáticos.

Para los arcángeles, que no tienen ninguna relación con la sexualidad, dado que no la viven como nosotros y desde un punto de vista espiritual, la sexualidad supone una fuerte energía para el cuerpo y la mente: el encuentro sexual representa bien la atracción de un cuerpo hacia una nueva vida terrenal, o bien la vivencia de la alegría como una energía fresca que envuelve a la pareja. El chacra sacro, el centro energético de la sexualidad, la conexión con la tierra, la fuerza y la resistencia están muy relacionados con el desarrollo espiritual, ya que este está asociado al chacra de la coronilla. No podemos desarrollarnos espiritualmente si no estamos bien plantados sobre la tierra. Cuando los principios femenino/masculino están afectados, no somos capaces de seguir adelante. Para poder resolver esto hay que fortalecer este chacra para conseguir así resistencia y energía. Antiguamente, muchas personas, sobre todo representantes oficiales de la iglesia cristiana, opinaban que la sexualidad entorpecía el desarrollo espiritual. Por eso llevaban una vida retirada y aconsejaban a los demás (salvo para la procreación) que contuvieran su sexualidad.

Hoy en día, desde el punto de vista del mundo espiritual de luz, la sexualidad está considerada como algo «cotidiano». Lo mismo sucede con la pareja y el amor íntimo, así como la familia, los hijos y las relaciones con los amigos y otras personas. Samael, quien también simboliza la esperanza de encontrar un camino o una salida en situaciones difíciles, actúa sobre el sistema endocrino. Él mantiene tu nivel de energía y te concede nueva energía. En el organismo psicosomático de las personas esta es la forma en la que conservamos nuestra resistencia física y somos capaces de darnos un nuevo impulso en la vida.

El poder curativo del arcángel Samael actúa de forma beneficiosa sobre la capacidad de resistencia así como la capacidad de concentración del individuo. Samael siempre se encuentra cerca de las personas. Él flota a unos metros de distancia en un espacio de un nivel más elevado de donde nos encontramos nosotros, y tiene un tamaño similar al de una persona. Yo le veo con una luz con un cierto tono violeta oscuro. Muestra una apariencia muy íntegra y parece tener siempre la mirada firme.

ORACIÓN PARA SAMAEL

«Querido mundo espiritual de luz, querido arcángel Samael: te ruego me ayudes a concentrarme en lo esencial y a resistir las tareas importantes. Te pido que equilibres mi sistema endocrino».

Rafael

Curación del presente. Mediante la curación de los órganos respiratorios la curación fluye por todo el cuerpo.

Miércoles – Órganos respiratorios – Chacra de la coronilla

En el Libro de Tobías (solo contenido en la Biblia católica) leemos cómo Rafael ayuda, protege y cura a Tobías y a su padre. En el místico texto judío Sohar se dice de Rafael que tiene la misión de curar la Tierra; que a través de él la Tierra se convertirá en el hogar de los hombres y que, incluso, cura enfermedades. Rafael es enviado por Dios para curar la pierna herida de Jacob tras una lucha con un «ángel oscuro».

Así pues, este arcángel representa, sobre todo, la medicina del cielo, aun cuando parece que no queda esperanza. Además, activa ciertas energías mediante las cuales percibimos y usamos correctamente las posibilidades y tareas del presente. Mientras que Miguel tiene que ver con la superación del pasado y Gabriel con la orientación hacia el futuro, Rafael dirige nuestra mirada hacia el aquí y el ahora.

Rafael nos invita el miércoles a que reunamos y ordenemos nuestras energías para no derrocharlas y que podamos recorrer el resto de la semana con fuerza y confianza hasta el final. Las energías curativas del arcángel Rafael actúan sobre el chacra de la coronilla, ya que, para que podamos recibir los elevados poderes curativos dentro de nosotros, antes debemos abrir nuestra conciencia a lo divino. Justo en medio de la semana parece haberse puesto «de moda» hacer un alto y buscar un momento de silencio y meditación.

Rafael está relacionado con los órganos respiratorios: cuando mantenemos una actitud interior y exterior optimista que se manifiesta también en una respiración libre y percibimos una energía vital fresca, elegimos el aquí y el ahora. De esta manera permitimos una y otra vez que la energía fresca penetre en los pulmones y, con ello, en el oxígeno de la sangre y en las células. Por su forma de respirar, se puede deducir si uno acepta la vida o la rechaza.

Antiguamente se representaba a Rafael como un peregrino con un bastón, porque él acompañaba a Tobías «disfrazado» de peregrino. Algunas veces también se le puede ver con un pez o una botella de agua en la mano. En la mayoría de las ocasiones lleva puesta una larga falda de color verde; verde porque este era el color curativo por antonomasia, el color dc la naturalcza sana. Yo siempre la percibo con una prenda violeta claro, pero también veo que de él irradia una luz verde clara.

Por lo general, la curación ya no significa para nosotros quedarse tumbados pasivamente y recibir una energía curativa verde de algún sanador; hoy en día, somos nosotros los que debemos y podemos conectar con la luz violeta, la energía curativa del orden elevado, y dejarnos inundar por ella para activar así nuestros propios poderes autocurativos. La luz violeta nos conecta con el orden elevado para que el verde terrenal de la naturaleza pueda fluir libremente.

Yo veo a Rafael con una actitud orante, sosteniendo la luz de Dios como si de una vela se tratara, para recordarnos hacia dónde conduce nuestro propósito. Él es todo paz y sonrisa.

ORACIÓN PARA RAFAEL

«Querido mundo espiritual de luz, querido arcángel Rafael: te pido ayuda para sobrellevar con tranquilidad y serenidad mi presente. Te pido armonía para mi respiración y que las energías curativas de la respiración puedan fluir siempre por mi cuerpo».

Zachariel

Curación de las emociones. Cerrar lo viejo antes de empezar lo nuevo. Favorecer la energía del movimiento.

Jueves – Aparato locomotor – Chacra del plexo solar

El nombre del arcángel Zachariel (algunas veces también escrito «Zerachiel») se traduce como «recuerdo de Dios». Actúa más intensamente los jueves. Él nos anima ese día a que terminemos lo que hemos empezado. Solo cuando hemos terminado lo viejo podemos empezar algo nuevo; a ello nos conmina expresamente este arcángel. Para poder archivar algo viejo es necesario curar las emociones que estén relacionadas con ello. A ello nos ayuda Zachariel. Él nos acompaña en el viaje de nuestra vida con lo que podría llamarse una energía aventurera; siempre preparado para nuevos planes y dispuesto a recorrer nuevos caminos; así nos es mucho más sencillo dejar atrás lo viejo.

Zachariel está relacionado con el chacra del plexo solar, el centro energético; nos ayuda a utilizar los deseos y propósitos personales de tal modo que ampliemos nuestros horizontes. Como acompañante a lo largo del viaje de la vida, fortalece y ayuda al aparato locomotor, es decir, a los huesos, los músculos, los nervios... Zachariel siempre está junto a nosotros en todos nuestros planes. Yo lo veo con una luz azul clara. Es tan grande como puede serlo usted. Irradia una vibración que le muestra (si es usted clarividente) que es su amigo.

ORACIÓN PARA ZACHARIEL

«Querido mundo espiritual de luz, querido arcángel Zachariel: te pido ayuda para cerrar lo viejo y poder desarrollar cosas nuevas. Te pido que fortalezcas mi aparato locomotor para poder seguir hacia adelante pleno de energía».

Anael

Curación mediante la toma de conciencia de la belleza interior. Con ello también el equilibrio del sistema nervioso y de los dos hemisferios cerebrales.

Viernes – Cerebro, sistema nervioso – Chacra del tercer ojo

Anael (otro nombre muy habitual es Haniel) es un arcángel que ya en siglos anteriores se ha mostrado en forma femenina. Desde el principio de mi clarividencia siempre he vivido a Anael en forma y energía femeninas. Anael irradia las cualidades de la gracia y la belleza. Él nos lo recuerda y nos llama: «¡Reconoce tu propia belleza!». El viernes, como día del arcángel Anael, es ideal para que nos preocupemos más por nosotros mismos, para que nos cuidemos. Si no por la mañana, por la tarde una vez terminada la semana de trabajo.

Los viernes sea consciente de su propia gracia y belleza. Llegue hasta su yo interior en el centro de su ser.

Esto ayuda a equilibrar los nervios y a eliminar las cargas de la semana. Anael actúa de forma muy positiva sobre el organismo en el cerebro y los nervios. Este arcángel favorece también la purificación y la claridad. Anael está relacionado con el tercer ojo; a través del ojo interior espiritual podemos ver la belleza de la vida en todas sus formas y conocer y valorar mejor a todos los niveles.

Como antes he dicho, Anael se me presenta en forma femenina. Percibo una luz de color rosa y veo cómo Anael nos muestra su rostro, extiende sus brazos hacia nosotros, nos sonríe y está totalmente preparado para creer en nosotros y en nuestra naturaleza luminosa y eterna.

ORACIÓN PARA ANAEL

«Querido mundo espiritual de luz, querido arcángel Anael: ayúdame a reconocer mi belleza interior. Ayúdame a armonizar y equilibrar los nervios y a la interacción de lo racional y lo intuitivo».

Uriel

Curación mediante la claridad. Armonización del cuerpo sutil mediante la luz espiritual.

Sábado – Corriente de luz en el cuerpo – Chacra del cuello

El arcángel Uriel (el «fuego de Dios») irradia por encima de todo claridad mental. Ayuda al orden y al equilibrio mental. Su poder curativo no va dirigido a ningún órgano o parte concreta del organismo, sino que actúa como una corriente de luz que equilibra el cuerpo sutil mediante luz espiritual y lo cura e ilumina. La curación en la dimensión sutil es una condición muy importante para que se produzca la curación en el nivel corporal.

El sábado ofrece, para la mayoría de nosotros, una buena oportunidad para revisar con el ojo espiritual lo que ha sucedido a lo largo de la semana. Echando la vista atrás, podemos valorar mejor y ordenar de nuevo algunas cosas, tanto interior como exteriormente. Uriel fortalece la claridad y la manera en la que expresamos nuestras ideas, la forma en la que hablamos, escribimos y nos comunicamos. En este sentido, está ligado al chacra del cuello que, como ya se sabe, representa la comunicación.

Antiguamente se le representaba como un ángel serio, con colores oscuros. Él está de pie junto a las puertas del paraíso y vigila quién entra. A veces se mostraba, incluso, como la «muerte con la guadaña» o como «el guardián de los muertos» y, así, como símbolo de las pruebas o de un estancamiento temporal. Yo veo a Uriel de distinto modo. Él se encuentra en el reino de los cielos muy alejado de nosotros, las personas;

se presenta como si estuviera detrás de una nube blanca. Sus ropas son infinitas y posee una energía de color perla. Él es el guardián de los niveles celestiales que constituyen un «lugar» o, mejor dicho, un espacio de energía, la cercanía a Dios y el ocio temporal de los seres espirituales que durante un tiempo no tienen ninguna tarea encomendada. Uriel solo deja que pasen los ángeles y las almas de aquellos difuntos que llevan consigo una vibración de descanso pacifico. Con su rostro iluminado, nos observa con una mirada inquisitiva para ver si verdaderamente deseamos entrar en este nivel espiritual.

Uriel actúa siempre allí donde las personas reciben una bendición, en el bautizo u otros rituales, pero también en cualquier otra forma de bendición personal que alguien pueda realizar a otro o en cualquier ser vivo.

ORACIÓN PARA URIEL

«Querido mundo espiritual de luz, querido arcángel Uriel: te pido claridad. Ayúdame a abrirme a la luz espiritual para que esta fluya por todo mi cuerpo».

Cuando las personas entran en contacto por primera vez con los poderes curativos de los ángeles suelen aparecer algunas reacciones típicas.

Lo normal es que muchos se sorprendan de la facilidad y naturalidad con la que pueden actuar ciertas energías curativas. Si además tienen una mentalidad abierta para la «cooperación» con los poderes luminosos, estas experiencias se harán más profundas y les permitirán adquirir algunas capacidades que les servirán para el contacto con los poderes curativos de los ángeles.

Algunas personas, no obstante, quieren racionalizar sus experiencias curativas con ideas como: «Bueno, eso me lo habré imaginado», o «Eso tiene que ser una casualidad». Hay otros, aunque cada vez menos, que ven en ellas una oportunidad de olvidarse de su propia responsabilidad y se figuran que a partir de ese momento ya no tienen que hacer nada por su salud, salvo confiar en los ángeles.

Finalmente, también hay quienes piensan (desgraciadamente) que, si dejan entrar demasiado en sus vidas a los ángeles y sus poderes curativos, a lo mejor contravienen a Dios. Eso es un gran malentendido. Los ángeles no son nada sin Dios. Los ángeles tienen el encargo de Dios de ayudarnos. Para muchos, Dios está tan lejos y es tan abstracto y todopoderoso que no confían en que puedan tener contacto con Él o no saben cómo hacerlo. Los ángeles constituyen un puente hacia Dios y hacia el poder de la creación que nos facilita el contacto con los poderes espirituales luminosos. Solicitar ayuda, mediación e intercesión a los ángeles no le resta grandeza ni poder a Jesucristo. Hoy en día, las iglesias católicas nos muestran en las más hermosas imágenes y relieves cómo Dios Padre, Jesucristo como el Hijo de Dios, el Espíritu Santo, María y los ángeles forman parte de un único orden divino.

- Toda persona tiene un ángel de la guarda que desea conducirlo a las mejores condiciones de salud.
- Los demás ángeles tienen distintas tareas y poderes curativos. Los siete arcángeles poseen tareas curativas específicas.
- Cada persona reacciona de forma distinta al contacto con las energías curativas de los ángeles.
- Mediante sencillas oraciones usted puede llamar a los ángeles y pedirles su ayuda para obtener la curación. Esto no supone un rechazo a Dios ni a Jesucristo, sino una ayuda que nos ofrecen los poderes luminosos y que ellos mismos han enviado.

4

Contacto y curación con el ángel de la guarda

Cómo podemos ver a nuestro ángel de la guarda.
Meditación del ángel de la guarda y símbolos del ángel de la guarda.
Ejercicio del ángel de la guarda.

Los ejercicios de este capítulo sirven, fundamentalmente, para la autopercepción. Es importante que tanto en el mundo espiritual como en el terrenal aprenda cada vez más y mejor a saber encontrar y preservar su ser interior. Sin este autoconocimiento es muy difícil alcanzar la claridad y verdad interiores y lograr sentir realmente a los ángeles y seres de luz. De hecho, sin esta condición es impensable lograr esa claridad y verdad interiores así como una auténtica experiencia propia con los ángeles y los seres de luz.

Meditación del ángel de la guarda para todos los días

La finalidad de este ejercicio es que día a día usted vaya asumiendo en su vida una actitud armoniosa que sea adecuada para su desarrollo. El ejercicio puede durar hasta media hora, pero puede resultar también de gran ayuda si lo realiza durante menos tiempo. Lo fundamental es que a lo largo del día se acuerde de esa actitud correcta y la retome una y otra vez. Así, poco a poco, su vida cotidiana se convertirá en una «meditación del ángel de la guarda». Sobre todo, debe recordar esta meditación si en el día a día surgen dificultades u obstáculos, y tomar esa actitud armoniosa de forma consciente. Solo de esta forma se hará realidad la vida espiritual en la práctica, si no, se quedará en la mera teoría y en una ilusión. Lo ideal es que este ejercicio se realice a la hora del desayuno, cuando se está bien conectado con la tierra y comienza el día. Para ello puede usted sentarse cómodamente. (Yo solo señalo las palabras clave del ejercicio para que este resulte más abierto).

EJERCICIO

- Respira hondo y con suavidad hacia el vientre.
- Relaja toda la musculatura de arriba abajo.
- Entonces, di mentalmente: «Conecto con el mundo espiritual de luz». Imagina en ti una columna de luz que sale del chacra raíz y recorre todos los chacras hasta el de la coronilla, y luego asciende hacia el cielo.
- «Te pido protección. Te pido que bendigas el camino de mi vida». Imagina un número ocho tumbado (lemniscata).
- «Te pido que me bendigas a mí y bendigas a mis seres queridos». Visualiza un círculo de luz que te rodea (como si colocara un manto de luz alrededor de toda tu aura). Imagina también cómo tus seres queridos están envueltos en un círculo de luz.
- «Querido ángel de la guarda, sé bienvenido a mi vida. Toma mi mano, guíame, ayúdame a actuar con amor. Comparte conmigo la actitud interior necesaria para mi siguiente paso».
- Percibe de forma consciente tu chacra del corazón. Ahora, pregúntale a tu ángel: «¿Qué actitud interior es importante para el día de hoy?». Observa (aun cuando «solo» creas que puedes imaginarlo) o siente en qué postura se encuentra tu ángel (por ejemplo, ¿tiene los brazos estirados hacia arriba o tiene los brazos colocados como si quisiera abrazar el mundo? ¿O permanece recogido con las manos plegadas como si estuviera rezando?). La postura del ángel tal como tú la percibes te da el impulso de cómo debería ser tu actitud interior para hoy. (También puede ser que tu ángel se muestre de forma completamente distinta;

permanece abierto a todo aquello que percibas y dirígete hacia ello. Las personas que afirman no ser capaces de percibir nada deberían recordar una y otra vez la actitud esencial del amor).

- Para terminar: siente una cruz luminosa en el chacra del corazón. Respiras profundamente haciendo que la cruz luminosa ascienda hacia el cielo; expulsas el aire y la cruz desciende hasta la tierra. Según sigues respirando la cruz se mueve también a izquierda y derecha.
- Después, vuelves a percibir un círculo de luz que se coloca a modo de círculo protector sobre esta cruz y te lleva hasta tu ser interior, conectándote con el cielo, la tierra y el mundo.
- Termina esta meditación (y cualquier otra meditación) sonriendo a tu chacra del corazón y diciéndote a ti mismo: «Me quiero».

Cuando realice esta meditación con regularidad, logrará un contacto cada vez mayor con su ángel de la guarda y, al mismo tiempo, fortalecerá otras cualidades dentro de usted. Alcanzará una conexión divina duradera y permanente; aumentará su confianza elemental y la hará más estable; aprenderá a darles a los demás la luz en lugar de darles la espalda. En resumen: se encontrará en un suave pero activo desarrollo espiritual y tendrá una mayor intuición; experimentará en usted mismo un amor y un equilibrio cada vez más profundos que le permitirán crecer más y vivir su propia verdad.

Explicación de los símbolos de la meditación del ángel de la guarda

Algunas pistas sobre los símbolos que juegan un papel importante en la meditación del ángel de la guarda.

Halo de luz desde el chacra raíz hacia el cielo = Me conecto con el mundo espiritual de luz. Soberanía interior que conduce más rápido hacia una conexión espiritual duradera.

Leminiscata tumbada = Corriente infinita, elimina los bloqueos de tu vida, conduce a la confianza elemental.
Un gran círculo que nos rodea = Aceptar el poder de bendición del cielo que conduce a los actos puros.
Círculo de bendición alrededor de nuestros seres queridos = Llevar a estos hacia la luz y fomentar en ellos la confianza elemental sin manipularlos.
Halo de luz directo sobre el camino de la vida = Orientación interior diaria hacia el verdadero (también desconocido) sentido de la vida y purificación del camino vital.
Toma de contacto con el ángel de la guarda = El círculo del chacra del corazón nos permite abrir nuestro corazón y despertar al amor con el auténtico impulso del ángel de la guarda.
Permitir que surja la cruz desigual a través del chacra del corazón hacia nuestro cuerpo = El equilibrio a todos los niveles del cuerpo y el espíritu. Impulso purificador.
Gran círculo de luz que surge a nuestro alrededor = Realización de nuestra nueva energía, de la nueva sensibilidad.
Amarse a sí mismo: «me quiero» = Reconocimiento de todo el amor divino hacia nosotros. Esto solo es posible cuando uno está en paz consigo mismo.

Por favor, observe también la detallada explicación de los símbolos de la página 85.

EJERCICIO
MENSAJES DEL ÁNGEL DE LA GUARDA

- Siéntate cómodamente.
- Piensa solo en tu respiración y respira profundamente hacia el vientre.
- Relájate.
- Encuentra el amor por ti mismo.
- Siente tu chacra del corazón cálido y delicado.

- Plantea en tu corazón la primera pregunta al mundo espiritual de luz: «¿De quién recibo los mensajes?».
- Respira hondo y ten calma.
- Observa lo que sientes respecto a los colores, formas, movimientos, derecha, izquierda, arriba y abajo.
- Plantea en tu corazón la segunda pregunta al mundo espiritual de luz: «¿Dónde está mi ángel de la guarda?».
- Respira hondo, observa los gestos, las manos y el rostro de los seres de luz, así como tus propios sentimientos.
- Siente en ti la plenitud de tu corazón.
- Observa la corriente de luz que te rodea.
- Siente el mensaje en tu corazón.
- Respira con calma y suavemente. Define las sensaciones con un mensaje claro que pueda expresarse en pocas palabras.
- Date las gracias interiormente y respira profundamente tres veces.
- Siente tu cuerpo y regresa a ti.

Compruebe su mensaje conforme al «ejercicio de autoevaluación» (véase página 55). Si respira hondo y suavemente y siente una risa agradable, entonces es que ha examinado el mensaje correctamente. Si no lo vive de esta forma, debería realizar el mismo ejercicio nuevamente con más calma y serenidad.

- Existen ejercicios diarios para establecer contacto con el ángel de la guarda y percibir algunos mensajes.
- Ciertos símbolos desempeñan un papel importante en la meditación del ángel de la guarda.

5

Mensajes celestiales como base para el trabajo curativo

Qué son los mensajes celestiales.
Cómo percibir los mensajes celestiales y comprobar su autenticidad.
Elementos fiables para el trabajo curativo con los ángeles.

Al final del anterior capítulo hemos visto un ejercicio para recibir los mensajes del ángel de la guarda. Los mensajes celestiales son, a mi modo de ver, la base fundamental para cualquier trabajo con el poder curativo de los ángeles. No basta con hermosos deseos ni con desarrollar una colorida imaginación y esperar a que, de alguna forma, los poderes curativos del mundo espiritual de luz y de los ángeles tomen cartas en el asunto.

Cuando no se trata de curar el propio ego, sino de actuar como canal o transmisor de unos poderes curativos y un conocimiento más elevado, los auténticos mensajes celestiales son el fundamento sólido para saber dónde nos encontramos, lo que necesitamos, lo que es posible, dónde se hallan los límites y muchas cosas más.

¿Qué son en realidad los mensajes celestiales?

Los mensajes celestiales son avisos a las personas, que, procedentes de un nivel divino, les son transmitidos por seres de luz.

Normalmente, los mensajes celestiales se trasladan mediante imágenes interiores especiales que se acompañan de sentimientos o sensaciones. Cuando estas sensaciones son armoniosas, cuando imagen y sentimiento se corresponden, entonces se puede decir que aparecen las palabras que hacen posible expresar este mensaje. No hay nada que se proyecte o se imagine, o que sencillamente se conciba (aun cuando sea con las mejores intenciones), sino que es una energía verdaderamente luminosa la que actúa.

Un ejemplo: veo a un ángel de la guarda que brilla junto a una persona. Veo cómo el ángel de la guarda conecta con esta persona como si penetrase en ella. Entonces aparece una sensación proveniente de la armonía interior y siento cómo ese ángel irradia sabiduría. De ahí surge un mensaje, en este caso sería: «Tú tienes el poder, la sabiduría y el conocimiento para conectar y transmitir».

En los verdaderos mensajes celestiales nunca se oye algo así como una voz extraña o amenazante. Los auténticos mensajes celestiales siempre responden a un sentimiento de confianza. Dejan a las personas la libertad para decidir conforme a su propia voluntad. Los ángeles dan impulso, pero no fuerzan a que se les siga. Los ángeles clarifican y nos orientan, pero nunca con lúgubres advertencias de lo que podría pasar si no les seguimos.

Otro ejemplo de ello: a principios del año 2008 me invitaron a un programa de la televisión alemana SWR llamado «Nachtcafé». Algunos de mis seres queridos me desaconsejaron que fuera porque me encontraría con algunas personas escépticas o, incluso, cínicas que no tenían ningún interés en los ángeles. Sin embargo, mis ángeles me mostraron cómo, por encima de todo escepticismo y actitud negativa, «sobresaldría» el suficiente positivismo sobre la existencia y la disposición a ayudar de los ángeles; no debía dejar pasar esta oportunidad. De modo que fui allí y las reacciones tras la emisión, incluso tras su repetición, pusieron de manifiesto que las personas que tenían verdadero interés en el mundo espiritual de luz extrajeron algo positivo del programa, pese a lo poco que yo pude aportar. Los ángeles no utilizan, por decirlo de un modo coloquial, «la política del palo y la zanahoria», sino que nos ofrecen ayuda y consejo amistoso.

Cuidado con la transmisión de los mensajes celestiales

¡Un mensaje celestial es la quintaesencia de la suma de su percepción!

Evite, en la medida de lo posible, cualquier palabra malsonante o negativa. Sienta durante algo más de tiempo su propia percepción para darle facilidad y alegría a las palabras. Se dará cuenta de que la quintaesencia no se ha perdido en absoluto.

Pregunte, por ejemplo, si las «tareas» son de naturaleza privada o profesional.

Cuando no se pueda evitar que surja un símbolo oscuro o grave, trate de aportarle enseguida claridad y luz.

Cuando sienta que queda alguna pregunta por responder dentro de usted, espere a ver si el mensaje celestial se completa. Pregúntese, por ejemplo: «Querido mundo espiritual de luz, ¿tienes algo más que decirle a esta persona (es decir, a mí)?». Si es necesario, haga la pregunta un par de veces.

Escuche atentamente por si se da a conocer un segundo mensaje.

Si en el mensaje celestial aparece la palabra «amor», trate de darle un enfoque práctico, por ejemplo, «acciones afectuosas en el día a día».

No tiene mucho sentido preguntarle al mundo espiritual de luz por fechas o «adivinanzas». Cuando se trate de cuestiones relativas al futuro, debe cuidar el desarrollo de la confianza y eliminar posibles preocupaciones presentes.

Comparta un mensaje celestial que quiera transmitirle a otra persona con plena seguridad y confianza. Evite las palabras que puedan generar confusión o inseguridad como «quizás», «quiero decir» y demás. Tampoco oculte ningún mensaje, aclare.

Un ejemplo: en su imagen interior usted ve un vestido negro. No se asuste, permanezca neutral. Luego, perciba el mensaje: «Deja marchar tus penas».

Los sanadores y consejeros serios no dan recomendaciones sobre la separación, la reconciliación o las nuevas relaciones en una pareja. De eso se encargan los ángeles que respetan nuestro libre albedrío…

¡Tampoco! Si usted actúa para otras personas, deje que sean estas las que actúen libremente conforme a su criterio, conocimiento y voluntad.

No utilice ningún concepto relacionado con la medicina o enfermedades.

Procure darle un enfoque práctico a los mensajes, es decir, observe si la persona puede o debe hacer algo por sí mismo.

Si usted desea recibir nuevas oraciones del mundo espiritual de luz y transmitírselas después a otras personas, respete los siguientes puntos:

a) Integridad de la oración (no la «redacte» usted mismo).
b) Uso del «yo» en la oración.

Un ejemplo:

Sé que la situación hoy en día es la que es.
Sé que la corriente de la vida continúa.
Le pido a los ángeles que me ayuden a ver la solución con el corazón abierto y que arrojen luz sobre todo aquello que yo no soy capaz de cambiar.

La longitud de una oración o de un mensaje no es esencial para su calidad; lo que importa es su claridad.

Los mensajes celestiales nunca infunden miedo. Son nuestros bloqueos los que nos hacen «sentir miedo» mientras decimos las oraciones y escuchamos los mensajes, porque nos sabemos a punto de abrir nuestro corazón como nunca antes lo habíamos hecho. Dele tiempo suficiente a la persona y vigile que su respiración sea abdominal, tranquila y armoniosa.

Un mensaje celestial siempre tiene como destinatario a una persona. Cuando transmitimos un auténtico mensaje celestial, ya sea de forma oral o por escrito, este tiene que usar la forma del «tú».

Asegúrese de que los mensajes del ángel de la guarda tienen un significado claro, son completos y, además, pueden ayudar como oraciones; y preste atención a que no se «infiltre» ningún patrón en el mensaje que pueda alterarlo.

Mensajes celestiales y selección de las palabras

A la izquierda se presenta una selección de palabras habituales, a la derecha otra forma posible de decirlas.

Moral = Autoenjuiciamiento
No tienes ninguna culpa = Lo has hecho todo correctamente
Los pecados están perdonados = Perdón y dejar ir
Eres una hechicera = Llevas en ti mucha magia y conocimiento cósmico
Atención a los peligros = Cuidado con las consecuencias
Obligación = Servir
Tener que = Desear que
Mentir = Honestidad

Mensajes celestiales y forma de los ángeles

Aquí también nos encontramos con algunas palabras clave. A lo largo de su propia experiencia irá conociendo nuevos aspectos.

Ángel de la guarda de gran tamaño = Tienes mucho poder
Pájaro luminoso, fuerte y llamativo = Tienes una gran fuerza motriz

Normalmente, el ángel de la guarda se muestra con un tamaño similar al de una persona. Cuando el ángel de la guarda se muestra exageradamente pequeño significa: «Querido, te tienes a ti mismo por alguien demasiado pequeño». En realidad, lo que sucede es que cada ángel toma el tamaño que se corresponde con su tarea.

Si aparecen ángeles adicionales, entonces, la persona recibe ayuda celestial para un tarea especial.

Situación del ángel de la guarda

El lugar en el que percibimos al ángel de la guarda en relación con su protegido da a entender:

El ángel de la guarda está delante
- de espaldas a su protegido = el mensaje está orientado hacia el futuro
- de cara a su protegido = levántate

El ángel de la guarda está detrás
- de cara a su protegido = te ayudo y apoyo
- de espaldas a su protegido = ordena los asuntos kármicos o del pasado

El ángel de la guarda está a la derecha = pasa a la acción
El ángel de la guarda está a la izquierda = ten confianza, deja que te invada
El ángel de la guarda está dentro = gran capacidad de intuición
El ángel de la guarda está encima = préstate atención, aclara tus ideas
El ángel de la guarda está debajo = encuentra tu camino hacia la luz
El ángel de la guarda gira alrededor = conecta con tu alegría vital
El ángel de la guarda flota = pon los pies en la tierra, deshazte del miedo
El ángel de la guarda está en las cuatro direcciones = mantente abierto en tu vida

Orden en los mensajes celestiales

Deje que primero llegue el mensaje principal, después:

- Devuelva la imagen
- Devuelva el mensaje
- Formule las posibles preguntas al ángel

El orden es, por lo tanto: pregunta, imagen, significado, mensaje.

Las personas que han encontrado el camino del rencor y la culpa, y se han curado y hallado la comprensión, la humildad y la energía para el amor pueden curarse a sí mismas y a los demás si ponen en práctica su espiritualidad. Algunas experiencias les recuerdan a los sanadores y clarividentes que no deben situarse por encima de los demás ni abusar de sus conocimientos.

- Los auténticos mensajes celestiales constituyen la base fundamental para el trabajo curativo espiritual con el poder de los ángeles.
- La atención, la práctica y una actitud ética son condiciones imprescindibles para percibir los auténticos mensajes celestiales y transmitirlos fehacientemente.

6

Formas de percepción energética

Desarrollo de la intuición; preguntar al Yo Superior.
Percepción consciente de los símbolos para hallar los mensajes y acceder a las posibilidades curativas.

Formación de la intuición

Quien desee dedicarse a la curación o quien ofrece orientación espiritual a otras personas no puede dejar de entrenar su propia conciencia espiritual y tratar de hallar un camino individual hacia el desarrollo de su propio plan en la vida. Debemos construir, fortalecer y estrechar el contacto con el mundo espiritual de luz, pero de una manera natural, sin omitir nada en el desarrollo espiritual personal ni exigirnos demasiado a nosotros mismos (y actuar, en la medida de lo posible, con una presunción positiva).

El objetivo es definir nuestra vida de un modo libre y responsable, ya que nosotros, como es lógico, estamos acostumbrados a trabajar en conexión con los ayudantes de luz. Debemos confiar cada vez más en la dirección de nuestro ángel de la guarda.

La meditación del ángel de la guarda y el ejercicio para la autoevaluación han conseguido excelentes resultados en mis cursos para la formación de sanadores energéticos y para el entrenamiento de la propia clarividencia. Le ayudarán a conocer mejor las tareas de su vida y a recorrer con mayor confianza y energía el camino hacia su desarrollo. De este modo, con la ayuda del mundo espiritual, nos convertimos en personas equilibradas e íntegras en los nuevos tiempos.

Es necesario que trabajemos en nosotros mismos antes de ofrecerles nuestros servicios a otras personas. Primero, tenemos que deshacernos de los viejos patrones y costumbres enquistadas, así como de conductas temerosas, y dejar que nuestra luz interior nos guíe más a menudo.

Ejercicio para la autoevaluación

La autoevaluación es algo muy importante si queremos aconsejar, mejor dicho, curar espiritualmente a otras personas o a nosotros mismos. Yo siempre la llevo a cabo con los participantes de los cursos para el entrenamiento de la clarividencia, en los que se trabaja, sobre todo, la visión interior y la observación de los seres espirituales de luz para la percepción y el desarrollo de los poderes curativos, y en donde el intercambio con los seres de luz también juega un papel importante.

Según mi experiencia, este ejercicio es una base fundamental para todos los demás ejercicios relacionados con la conciencia. Usted desea saber con seguridad si las respuestas que siente, escucha o percibe son, de uno u otro modo, reales o no.

¿Las respuestas que usted recibe a sus preguntas provienen de un patrón, algún aspecto del ego, de algún doble o tal vez de las ideas manipuladoras de alguna otra persona (un gurú, un terapeuta u otro individuo el que puede que usted se sienta dependiente)? ¿O tal vez de algún ser no del todo puro de una esfera no tan luminosa?

¿O está recibiendo un mensaje de los ayudantes de luz de los auténticos niveles espirituales elevados, de ángeles o arcángeles, o tal vez de su propio Yo Superior, su verdadero espíritu, debido, quizás, a una verdadera y pura intuición?

La finalidad del siguiente ejercicio es que usted pueda cerciorarse de si los impulsos, respuestas, revelaciones o demás cosas que desea percibir del mundo espiritual de luz proceden realmente de allí. ¿Provienen de una fuente clara y pura o se ha metido usted por un falso camino o en un callejón sin salida? Con este ejercicio no solo puede evaluar esto, sino también si el aprendizaje que está realizando en este momento es el adecuado para usted y su posterior desarrollo, o ya no lo es.

Existe un «método» muy sencillo y fiable con el que se puede comprobar si aquello que percibe como guía espiritual, y aquello que usted se ha marcado como objetivo o proyecto es realmente lo más adecuado ahora para usted y para su desarrollo e individualidad.

PREPARACIÓN PARA EL EJERCICIO

Cuando su respiración es suave y fluye con facilidad, cuando su corazón late tranquilo y con calidez, cuando sus pensamientos e ideas están en armonía y posee plena confianza y claridad, se trata de una señal inequívoca que le envían su cuerpo, su alma y su espíritu de que el camino que está recorriendo es el correcto. No se trata de que usted se ponga a divagar con el siguiente ejercicio, sino de que tenga una sensación de paz interior acompañada de una gran serenidad. Esta sensación de paz es también señal de que se encuentra en el camino personal adecuado.

En caso de que su respiración sea irregular o poco natural, si piensa en el mensaje o en la intención, en caso de que su corazón lata de forma alterada, estas son señales de que hay algo que no va bien para su individualidad y verdad. También si en lugar de paz siente un estancamiento depresivo, un bloqueo energético dentro de sí, está recibiendo señales de que debe abandonar ese camino y tratar de buscar otra actitud.

EJERCICIO DE AUTOEVALUACIÓN

- Siéntate cómoda y relajadamente. Cierra los ojos.
- Respira suave y profundamente hacia el vientre. Date tiempo hasta que sientas cómo te invade una sensación de paz y serenidad.
- Coloca las manos sobre el vientre para que puedas percibir en todo momento tu respiración.
- En esta postura eres lo suficientemente neutral e imparcial para poder pensar en la pregunta o decisión que deseas evaluar.

- Fíjate en cómo se siente tu respiración y qué sensación tienes cuando dices «sí» a la pregunta o decisión. (Cuatro ejemplos. «¿Es este sueño una señal de que debo prestarle más atención a mi salud?»; «¿Este mensaje proviene de una fuente pura?»; «¿Me ayudará en mi posterior desarrollo?»; «¿Es esta decisión, la de mudarme, la más adecuada para mí?»).
- Fíjate en lo que sucede con la respiración y en lo que sientes cuando la respuesta es «no».
- Compara de forma consciente si lo que has sentido con el «sí» o el «no» ha sido alegría, paz, armonía, etc. (Si te parece que no hay diferencia alguna, entonces, plantea una pregunta sencilla, por ejemplo, «¿Es bueno para mí comerme cinco kilos de patatas de una vez?». Así, notarás con toda seguridad una diferencia en la reacción de tu cuerpo, alma y espíritu al «sí» y el «no»). En caso de que esta diferencia sea demasiado débil, lo podrás percibir si repites la pregunta primordial).
- Termina este ejercicio cuando hayas dejado de pensar en esta pregunta y respires de nuevo suave y profundamente, te rías para ti mismo y te abras al amor hacia tu persona.

Cuando establecemos contacto y «hablamos» con el mundo espiritual de luz, a menudo recibimos las respuestas en forma de símbolos y mediante la transmisión mental de palabras o frases. Para familiarizarnos con el uso de los símbolos, se puede utilizar el siguiente ejercicio que planteo en forma de palabras clave.

GUÍA DE SÍMBOLOS Y DEL YO SUPERIOR

- Siéntate cómodamente.
- Respira hondo tres veces para establecer el equilibrio en tu cuerpo.
- Siente la sonrisa del corazón en tu pecho para tener equilibrio en el alma.
- Pregúntate: «¿Qué símbolo deseo comprender?». Haz una breve pregunta con claridad espiritual.

- Respira silenciosamente.
- Visualiza o piensa en un símbolo (o imagínatelo).
- Siente el espacio del corazón para permanecer en la trinidad del cuerpo, alma y espíritu.
- Haz la pregunta: «¿Qué significa este símbolo?».
- Deja que la respuesta salga del corazón como una corriente de luz, como la expresión del Yo Superior.
- Toma la respuesta y exprésala en palabras.
- Evalúa la respuesta con la respiración (si respiras con calma y sonríes en tu interior).
- Sé consciente de tu risa interior y termina el ejercicio.

- La intuición y la percepción «suprasensorial» se pueden entrenar.
- Es necesario autoevaluarse regularmente para ver si se trata de verdaderos mensajes del mundo luminoso, es decir, para ver si se trata de una auténtica percepción «suprasensorial».
- Para ello existen dos prácticos ejercicios.

7

Percepción física y espiritual de los seres de luz

Tipos de clarividencia y cómo se pueden desarrollar. Cualidades de la percepción y los posibles significados de las distintas reacciones, incluidos síntomas corporales.

Se sabe que existen distintas formas de percepción espiritual, es decir, percepciones que van más allá de la que proporcionan los sentidos físicos. Del papa Pío, por ejemplo, se decía que su presencia espiritual (aunque él estuviera a cientos de kilómetros de distancia) podía sentirse a través de un característico olor a violetas. Ya que son tantas las personas que relatan la experiencia de haber percibido físicamente este aroma a flores, tampoco se puede hablar en estos casos de percepción «suprasensorial». Es más plausible concluir que hay fenómenos espirituales que pueden manifestarse físicamente. Por otra parte, hay percepciones espirituales completamente personales y que no pueden «probarse» delante de otros. Los que hablan de canalizaciones a menudo sienten más de lo que pueden ver con sus ojos. Y quien percibe canalizaciones, la mayoría de las veces solo puede medir la calidad del mensaje según su entendimiento, ya que el destinatario normalmente no recibe la transmisión.

En este apartado me gustaría tratar las típicas formas de percepción de la presencia de seres de luz y sus mensajes tal y como yo, y la mayor parte de los participantes en nuestros cursos, lo vivimos.

Asimismo, me gustaría subrayar expresamente lo siguiente: Deje que su capacidad de percepción espiritual se desarrolle de forma natural e integre en su vida cotidiana saludable, en el aquí y el ahora, valores éticos válidos. Un desarrollo forzado no sirve de nada y solo conduce, bajo determinadas circunstancias, a una actitud de abandono o, incluso, a un gravamen psíquico.

Clarividencia

- Muchas personas son capaces, al menos tras algunas directrices, de ver campos de energía o, mejor dicho, el aura alrededor de otros; en ocasiones, incluso, de animales, plantas u objetos, hasta con los ojos abiertos, es decir, físicos.
- Hay personas que son capaces de ver los colores, los seres de luz, a personas fallecidas e, incluso, a otros seres de la naturaleza como elfos y demás. Esto puede suceder tanto con los ojos abiertos en otros niveles más elevados como también con el ojo espiritual, es decir, en imágenes interiores.
- Se sabe que los niños hasta los seis o siete años son capaces de conectar con el mundo espiritual de luz, y también (sobre todo si crecen en la naturaleza) pueden ver y hablar directamente con los seres espirituales.

Clariaudiencia

- Puede suceder que haya melodías y sonidos de las jerarquías celestiales que lleguen hasta las personas. Pitágoras hablaba de «música de las esferas», y famosos compositores han relatado cómo antes de escribir su música la habían escuchado interiormente o la habían percibido de alguna manera.
- También hay mensajes de ángeles, seres de luz, o durante algún contacto con Cristo, que son como una clariaudiencia. La mayoría de las veces se trata de un mensaje breve que no se repite, llena a las personas de una infinita confianza y que se revela totalmente coherente.

- Sin embargo, también puede suceder que se den a conocer seres menos luminosos. Esto a menudo comienza con pensamientos impuros que, incluso, se pueden considerar propios. Cuando la persona se vuelve infeliz y se aventura en esos pensamientos cada vez más, esa voz impura de un ser espiritual adquiere cierto poder, suena más alto y se vuelve más dominante y amenazadora. Cuando actúa como un disco rayado puede generar problemas psíquicos.

Clariolfato

- Los ángeles se nos pueden revelar a través del agradable aroma de las flores. También los seres de la naturaleza saben hacer esto a su propia manera.
- Los difuntos pueden hacerse notar con un olor que a la persona le sea familiar o conocido.
- Las reliquias y restos óseos de las personas cuyas almas no han sido salvadas pueden tener un olor ácido y bastante desagradable.

Clariempatia

- Este fenómeno aparece cuando podemos sentir físicamente la presencia de ciertas energías, aunque estas no puedan verse.
- Cuando la presencia es luminosa, la sentimos de una forma suave y agradable. Cuando no es tan luminosa, notamos como una carga que nos oprime.

Clariconocimiento

- Se trata de ideas espirituales que usted nunca ha escuchado o leído con anterioridad y que, sin embargo, conoce en profundidad y es capaz de nombrar, presentar y defender.

La norma del cuidado

La pureza de su alma, la pureza de su propósito y del motivo es la mejor protección de que dispone; también tiene a su disposición la fuerza de su intuición. Debe actuar y ser usted mismo en un sentido divino.

Percepción física durante la transmisión de un mensaje celestial a otra persona

- La percepción de *dolores físicos* en el propio cuerpo es una señal de un bloqueo en el organismo de la persona para la que se transmite el mensaje. Esta percepción, a menudo, viene acompañada de una sensación: «Este dolor no es mío».
- La percepción de dolor físico en forma de *tensión muscular* constituye, con frecuencia, una «maniobra de distracción» de su subconsciente. Trate de mantener abierto su corazón (al menos un poco más). Este dolor se siente de una forma muy real y propia.
- Aprenda a permanecer en el amor y a no entrar en consonancia con la pena. Mantenga una respiración equilibrada.
- La percepción física de una *fuente de energía* o de un flujo de energía significa que las energías luminosas están fluyendo.
- La percepción física de una *agradable ducha fría sobre todo el cuerpo* (en ambos participantes o solo en la persona para la que se transmite el mensaje) significa: «Has captado completamente la verdad». Las cargas se eliminan la mayoría de las veces de inmediato; uno se siente mejor, más ligero.
- La percepción física de una *agradable ducha fría sobre las piernas o la espalda* significa que los bloqueos kármicos se están eliminado.
- La percepción física de una ducha fría desagradable (como de agua helada o algo extraño) significa que en el aura de la persona se halla la energía de alguien que ha fallecido. En ese caso, ayúdese con una oración de liberación para los difuntos (véase página 123).

- Cuando esa ducha fría viene acompañada de *mareos y náuseas* esto indica una fuerte posesión. Averigüe qué es lo que le hace infeliz a usted o a su cliente y ayúdese mediante una oración protectora (véase página 119).
- Cuando con un mensaje celestial fluyen *lágrimas curativas y beneficiosas* significa que el corazón se está abriendo cada vez más a este trabajo de curación energética.
- Si con el mensaje celestial aparece *sensación de agobio* y un *llanto desagradable*, también puede resolverse la pena. Preste atención a que la respiración sea tranquila y equilibrada, y experimente usted o su cliente esa sensación; «salte» con confianza hacia ella.
- Los *movimientos suaves de balanceo en forma de cruz* señalan que la energía está volviendo a su cauce y que la musculatura se estabiliza.
- Los *movimientos físicos desagradables* son señal de que los bloqueos profundos se están resolviendo.
- Que el *corazón lata* con extrema virulencia es solo una señal de agitación interior.
- En el caso de que durante la transmisión de un mensaje celestial a otra persona usted también experimente este mensaje, esto le servirá para conocer una parte de sí mismo.
- Sentir *calor* y *temblores* en las manos y los pies es una señal de que sus canales de energía o los de su cliente se están abriendo.
- Cuando el cuerpo cae interna o externamente en un *desequilibrio* durante un mensaje significa que la persona ha perdido contacto con la tierra. Tómese un descanso, sienta el amor y preste atención para que la respiración abdominal vuelva a ser tranquila y equilibrada.

Otras cualidades de la percepción

Colores = Su tercer ojo se está abriendo
Símbolos = El mundo espiritual de luz toma contacto

Palabra o números legibles = Conocimiento desarrollado en otra vida
Imágenes = Conclusión del mensaje
Ideas claras = El espíritu filtra el mensaje a través de ideas claras. Mediante más desasimientos interiores aparecerán más cualidades perceptivas
No se percibe nada = Trabaje la calma

La *mezcla* de distintas cualidades perceptivas no es excluyente, sino deseable.

Reacciones dentro de una meditación

- Al principio, meditar estando tumbado es algo perfectamente normal, ya que primero debemos eliminar las tensiones.
- Si uno se duerme meditando y el cuerpo se recupera, entonces, también es correcto.
- Cuando tenga la sensación de que ya no es necesario estar tumbado, siéntese y adopte una postura relajada para meditar.
- Quedarse dormido = Resolución de bloqueos, recuperación.
- Hundimiento = Distracción del subconsciente.
- Permanecer en la respiración = Objetivo de la meditación deseado.
- Reacciones físicas en forma de dolor = Por favor, no les preste ninguna atención, no se deje hundir por el subconsciente; respire profundamente y sonría en su interior; lo normal es que se eliminen por sí mismos.
- Reacciones en forma de recuerdos = Por favor, expulse el aire; no deje que le distraigan; use la respiración para eliminarlos.
- Reacciones en forma de emociones = Surge un antiguo bloqueo; use la respiración para eliminarlo y curarlo.
- Reacciones en forma de ideas premeditadas = Ponga orden en su vida exterior, solo entonces estará listo para poner orden en su interior.

- Reacciones en forma de corriente de energía (por ejemplo, calor, calambres, etc.) – Los canales de energía se liberan; las energías curativas fluyen con más fuerza, el cuerpo se vuelve más transparente.

- La mayoría de las veces, las reacciones físicas, emocionales y mentales permiten sacar conclusiones, valorar los mensajes celestiales y averiguar si se trata de auténticas y luminosas percepciones.
- Como norma general, se puede decir: si se encuentra bien, relajado, con claridad y ligero, entonces, se halla en el buen camino.
- Algunas reacciones son señal de que los bloqueos se resuelven, y esto es muy deseable para poder estar más abierto y con mayor claridad a la hora de percibir los mensajes.

8

Niveles de la conciencia

Una recomendación para poner en orden la conciencia, el subconsciente y los distintos niveles inconscientes de la supraconsciencia como condición para el trabajo curativo.

Conciencia, subconsciente, inconsciencia, supraconsciencia y el Yo Superior

Tanto si lo queremos como si no, cuando llevemos a cabo u ofrezcamos trabajo espiritual y curativo tendremos que hacer frente a preguntas sobre nuestra conciencia. Es muy comprensible que reflexionemos sobre nosotros mismos, sobre los niveles espirituales y de la conciencia que existen, y también sobre los medios que podemos utilizar para actuar en los distintos niveles o acerca de los poderes de la conciencia de otra persona que nos pueden influir.

La cuestión va más allá de cualquier libro. Desde hace siglos se han escrito miles de páginas al respecto. En este punto, no sería posible hacer un repaso a las distintas teorías y tesis; ni tampoco es necesario. La función de este capítulo es darle cierto impulso para que usted mismo se ocupe de estas cuestiones, a más tardar, cuando se sumerja en el trabajo curativo de forma práctica.

En primer lugar, me gustaría citar una breve definición que se usa habitualmente para el tema de la consciencia. Luego, daré la mía propia y explicaré lo que yo entiendo e interpreto como los cinco tipos de conciencia. (Sé que uno puede hacer otras divisiones, por ejemplo, conciencia del yo, conciencia del sueño, conciencia de la muerte, etc.).

«La conciencia es el dominio y la sensación de estados mentales como la percepción, los recuerdos y otras representaciones e ideas de toda clase y forma como reflexiones, apreciaciones, valoraciones y evaluaciones, planes o formación de conceptos, incluyendo la necesaria atención y cuidado».

Y luego el texto de wikipedia continúa diciendo:

«El fenómeno de la conciencia es uno de los mayores problemas sin resolver de la filosofía y las ciencias naturales, en tanto que en el campo de la psicología ha encontrado cierta aclaración».

Conciencia

Ahora, mi punto de vista sobre los niveles de la conciencia. No está amparado por la «teoría científica», sino que solo se basa en mis experiencias personales con los poderes y los niveles de la conciencia. No obstante, puede que a algunos lectores esta descripción les resulte útil.

La conciencia es, por un lado, todo lo espiritual y mental, las vivencias terrenales y las experiencias espirituales. Por otro, la noción de «ser consciente» posee un cualidad propia que seguro que usted pronto nota en su vibración.

Finalmente, en un sentido cotidiano, conciencia es todo aquello que experimentamos cada día como ideas y pensamientos, recuerdos y expectativas, sueños y corazonadas. Creo que el término «conciencia cotidiana» funciona bien y es útil para designar el tipo de conciencia que más tiene que ver con el día a día.

Las humanidades hace ya mucho que investigan la manera en la que esta «conciencia cotidiana» se mueve y se forma a través de otros impulsos. Mediante costumbres y usos, mediante patrones familiares, mediante limitaciones y posibilidades físicas, mediante deseos y temores, mediante la alegría y el sufrimiento. Nuestra conciencia cotidiana está formada y condicionada, principalmente, por nuestras experiencias sensoriales, así como por el «filtro» emocional y mental a través del cual valoramos y clasificamos nuestras experiencias.

No obstante, no existe ninguna definición manejable ni concluyente que haya sido aceptada por la mayoría de los teólogos y filósofos ni por los científicos y psicólogos. Por eso, en este punto, debemos trabajar con modestia. Eso, no obstante, sabiendo que existen vivencias y fenómenos que las personas experimentan que no pueden ser descritos de forma racional. La literatura mística, de Rumi a Eckhart, de Kabir a Angelus Silesius está llena de ejemplos de ello.

Subconsciente

El subconsciente no existe por sí mismo, sino que se va formando poco a poco por dos importantes influencias y, a menudo, se consolida de modo que actúa como una entidad autónoma.

Una primera influencia está constituida por el conjunto de sensaciones que recibimos desde el comienzo de nuestra vida (ya desde que estamos en el útero materno). Con estas sensaciones externas se van ajustando cada vez más las valoraciones. Ante el sonido de una máquina chirriante o de un ladrido agresivo sentimos miedo, la voz amorosa de la madre o una música hermosa nos relaja y nos da confianza, etc. Con el tiempo, hay ciertas sensaciones que se valoran de forma igual o parecida, estos son los patrones que se fijan en el subconsciente y determinan nuestra propia dinámica. No obstante, podemos cambiarlos, pero requiere una alteración consciente de nuestra forma de pensar, actuar, valorar y sentir.

Una segunda influencia para la formación del subconsciente que se ha investigado aún muy poco está integrada por las impresiones de los padres y familiares, tanto genéticas como sutiles, así como por las impresiones de naturaleza kármica de posibles vidas anteriores o niveles espirituales.

El subconsciente actúa como un órgano de dirección de nuestro día a día que atrae esto, rechaza lo otro, hace parecer algunas cosas deseables y prometedoras y otras, en cambio, peligrosas.

Sobre este tema del subconsciente vale la pena leer el libro *La llave maestra*, de Charles F. Haanel, quién describe la forma creativa en la que actúa nuestra mente y cómo esta está «programada» de una manera u otra como base para la llamada ley de la atracción de nuestro subconsciente[2].

La antroposofía ofrece otro punto de vista muy especial. Me gustaría reflejar aquí lo que dice[3]:

> «El subconsciente abarca, esencialmente, todos aquellos aspectos de la conciencia que son menos claros que la conciencia despierta de las personas y que el Yo humano no puede o apenas es capaz de captar, es decir,
>
> - la conciencia de los sueños,
> - la conciencia durante el sueño,
> - la conciencia de la muerte.
>
> En este sentido, la conciencia de los sueños constituye una etapa de transición por cuanto los sueños, que se tejen constantemente en nosotros, en ocasiones son vividos a medias por el Yo de forma semiconsciente.
>
> En ningún caso debe confundirse el subconsciente con el *inconsciente*. Sin duda, el Yo no está despierto en estos aspectos de la conciencia, pero para él estos aspectos son conocidos. Desde un punto de vista espiritual no hay nada inconsciente en el mundo, sino solo distintos grados y tipos de conciencia. La conciencia de los sueños es la conciencia del cuerpo astral, la conciencia durmiente está ligada al cuerpo etéreo, y el cuerpo físico tiene la conciencia de la muerte. Son estas etapas de desarrollo de la conciencia las que se caracterizan gradualmente por su gran extensión y sabiduría.

Dado que en la vida terrenal nosotros estamos recubiertos con estos elementos humanos, las formas de conciencia ligadas a ellos están presentes en todo momento. Lo que pasa es que al principio no sabemos nada de ello. El posterior desarrollo conducirá a que el Yo penetre en estas viejas etapas de la conciencia y avance de este modo en aquellos aspectos del mundo que todavía hoy le son inaccesibles. Mediante la correspondiente formación espiritual se puede avanzar en este sentido».

Inconsciente

El psicólogo suizo de lo profundo Carl Gustav Jung es el que más ha hecho por introducir el concepto del inconsciente en la psicología. Él habla de un inconsciente colectivo y personal que está presente en todas las personas y que (la mayoría de las veces de forma desapercibida) provoca movimientos espirituales. Las energías son, principalmente, arquetipos y símbolos cuya existencia desconocemos, pero cuyos efectos se hacen notar incluso en el día a día.

Algunos psicólogos tienen al inconsciente como la capa «más profunda» de la conciencia. El psicólogo estadounidense Chuck Spezzano determina en su «modelo-iceberg» que aún a más profundidad, por así decirlo, debajo, yace el nivel de la auténtica libertad de elección. Esa libertad nos es desconocida a la mayoría de nosotros, sin embargo, surge, pese a estar situada «debajo» del inconsciente, una conciencia espiritual más elevada, un «plan vital» que fue «diseñado» para esta vida. Así sostiene en su libro *There Has To Be a Better Way»* (en español, «Tiene que haber un camino mejor).

Lo que nos interesa, si no queremos estudiar psicología (cosa que no es necesaria), es saber distinguir lo suficientemente bien las zonas en las que se solapan las distintas capas de la conciencia, es decir, diferencias entre el subconsciente y el inconsciente.

Supraconciencia

Este término rara vez se utiliza correctamente. En los textos espirituales se lee acerca de la conciencia «cósmica» (lo que tal vez puede parecer elevado demasiado). En los textos escritos por y acerca de los místicos de la antigüedad de distintas religiones se suele hablar de una conciencia «divina» que estas personas vivieron o tuvieron.

A lo que yo me refiero con *supraconciencia* es a una forma de conciencia muy despierta y, a la vez, sutil que no está influida ni por el ego, ni por el pensamiento cotidiano, ni por esperanzas ni preocupaciones. Sobre esta forma de la conciencia no actúa tampoco ningún patrón del subconsciente ni reacciones o valoraciones habituales; tampoco arquetipos o símbolos del inconsciente personal o colectivo.

Para mí, la supraconciencia es una forma de conciencia, tal vez, mejor: un estado o un campo vibratorio de la conciencia que está abierto por completo a los fenómenos sutiles puramente espirituales al margen de tiempo y espacio. Abierto, por tanto, a los ángeles, los seres de luz, María, Jesucristo y similares.

Todo esto bajo la premisa de una personalidad integrada, es decir, de una persona que tenga los pies en la tierra. Una persona que esté integrada en la familia y en su relación, en el día a día y en el trabajo, en la sociedad y la cultura y que no sea una «víctima» accidental de los fenómenos. Una persona que tampoco trate de dar rienda suelta al deseo de escapar hacia los niveles espirituales, sino alguien que viva plenamente en sí mismo.

La supraconciencia es, así vista, el nivel natural de la conciencia y la forma de la conciencia del Yo Superior.

El Yo Superior

El Yo Superior es el aspecto y el nivel de la conciencia que puede observar a todos los demás niveles desde arriba y estar en contacto consciente con la fuente de la conciencia y de la vida. La estadounidense pionera en el tema de la conciencia Chris Griscon fue una de las primeras personas en dar a conocer el término «Yo Superior» (*El tiempo es una ilusión*). Se trata del instante consciente en el que estamos en situación de observar la vida desde la perspectiva elevada del plan vital, desde el punto de vista de un nivel espiritual al margen de tiempo y espacio. No es como si tuviéramos un Yo Superior, sino que, en sentido estricto, nosotros somos el Yo Superior.

Probablemente le suene la frase: «Nosotros, las personas, no somos seres corpóreos que de tanto en tanto tenemos una experiencia espiritual, sino seres espirituales de luz que actualmente estamos viviendo una experiencia terrenal». En esa máxima está muy bien expresado de qué se trata: cuando uno se percibe a sí mismo como un Yo Superior que realiza una serie de experiencias en esta vida terrenal para despertar más y ser más consciente, se fortalece la autoafirmación y la libre capacidad de elección. Porque ya no nos tenemos por «víctimas» (ni tampoco por «verdugos»), sino por observadores de un proceso de desarrollo que nos conduce hacia nuestro objetivo y que vivimos más tranquilos y satisfechos con la ayuda de otros seres luminosos del mundo espiritual de luz.

En mis seminarios de formación abordo este tema mucho más detenidamente y recurriendo a más fuentes y otros puntos de vista. Para la finalidad de este libro podemos terminar con los tres puntos siguientes:

- La conciencia cotidiana, emocional y física consiste en nuestras percepciones sensoriales y en los «filtros» de nuestros patrones previos, la mayoría del subconsciente, que interpretan estas experiencias.
- Los patrones de nuestro subconsciente son programados constantemente por la conciencia cotidiana sin que la mayoría de las veces nos demos cuenta de ello, o alimentados por el inconsciente por fuentes difíciles de localizar. El subconsciente determina nuestras reacciones y comportamientos instintivos.
- La supraconciencia espiritual es algo que, normalmente, debemos descubrir y desarrollar. Cuando hacemos esto, podemos orientar la conciencia cotidiana y el subconsciente hacia una vida plena y luminosa. Entonces también podemos activar los poderes curativos tanto del inconsciente como del subconsciente, así como los de la conciencia cotidiana y la supraconciencia.

9

Trabajo con símbolos y sueños

Tipos de sueños (sueños elaborados, sueños sobre el karma, sueños sobre el futuro); calidad de los sueños en función del contacto con los ángeles; echar la vista atrás hacia la conciencia diurna y nocturna, significado de los símbolos en los sueños y en los mensajes celestiales.

Tipos de sueños

Lo que va a leer aquí sobre los sueños es algo que también se transmite a través de experiencias que puede vivir, no solo de manera inconsciente durante la noche, sino en un profundo estado de relajación durante la meditación, el rezo o la contemplación, mejor dicho, las visiones. También puede llevar a cabo el ejercicio del Yo Superior y consultar los símbolos (véase página 56).

1. Sueños diurnos

Son imágenes inciertas y caóticas que no deparan ningún sueño reparador. Un sueño así se percibe como si no fuera importante y se olvida rápidamente porque no trae consigo ningún mensaje espiritual. Echar la vista hacia la conciencia vespertina (véase el ejercicio más adelante) aporta tranquilidad y armonía al espíritu para que la noche y los sueños sean reparadores.

2. Viajes astrales

Son sueños en los cuales la persona que está durmiendo flota, cae o vuela. Su alma sale de su cuerpo y conecta con sus cualidades espirituales ocultas o con lugares en los que puede aprender algo. Normalmente, la persona no olvida estos sueños, ya que siente que este sueño significa algo para ella. El mensaje espiritual de un sueño así es: tus cualidades despiertan, aprende a manejarlas.

3. Ataques

Es posible que aparezcan ataques de un mundo espiritual menos luminoso en un sueño a través de diversas «películas» que parecen reales y en las que, a menudo, uno no puede intervenir. Nuestro papel en el sueño, ya sea como víctima, verdugo u observador, no es decisivo. Estos sueños pueden anunciarse ya a última hora de la tarde, por ejemplo, a través de una sensación como de amenaza o de incapacidad librarnos de algo.

En estos sueños no hay ningún mensaje del mundo espiritual de luz. Determine el motivo del miedo o del correspondiente patrón causante de que este «ataque» haya llegado hasta usted. Luego, ayúdese con una oración protectora y bendiciones (véase página 110).

Refuerce su fuerza de voluntad mediante la actitud: «Recorro todos los caminos de la vida con puro amor». Conozca sus puntos flacos, por ejemplo, con la ayuda del ejercicio del doble que aparece en mi libro *Engel und die Neue Zeit* (en español, «Los ángeles y la nueva era»).

4. Experiencias traumáticas

Las experiencias traumáticas que todavía deben ser trabajadas se muestran en sueños que desencadenan un miedo extraordinario. Los traumas pueden mostrarse en sueños que se repiten una y otra vez, y con las más diversas imágenes en las que, sin embargo, el miedo sigue siendo igual de intenso. Con frecuencia surgen en sueños en los que uno se siente perseguido. Para eliminar el trauma del subconsciente, es muy recomendable trabajar con el ejercicio del «niño interior» (en el citado libro *Engel und die Neue Zeit*).

5. Sueños sobre el futuro

Son tan convincentes que uno los toma por evidentes y (por desgracia) se olvidan rápidamente.

Cuando uno vive el sueño con plena consciencia la sensación es como la de un *déja-vu*. Esto es una señal de que debería ejercitar sus sentidos espirituales, ya que está abierto a otros niveles.

6. Sueños reiterativos

Los sueños que se repiten con las mismas imágenes claras y convincentes actúan como un empujón espiritual, independientemente del intervalo de tiempo que pase entre ellos.

También en este caso se trata de una señal para que usted empiece a utilizar ciertas cualidades. Trabaje su capacidad espiritual mediante la meditación y la formación de imágenes. Hágase esta pregunta por las noches: «¿Qué dotes poseo?».

7. Sueños con significado kármico

Pueden ser sueños maravillosos, pero también sueños taciturnos (depende del tipo de karma). En ellos se ven imágenes vividas en las que usted confía, pero que le son lejanas. Reconozca el mensaje del sueño para poder trabajar con él. Tal vez sienta que se trata de una oración para el perdón (véase página 115) o que debe realizar un ejercicio concreto. En algunas circunstancias puede que usted reciba un nuevo conocimiento.

8. Sueños que transmiten mensajes luminosos y espirituales

Los sentimos de una forma maravillosa y como muy importantes. Actúan a modo de historias o cuentos y vienen acompañados de una gran alegría e, incluso, de la risa. En estos sueños encontramos indicaciones claras para nuestro desarrollo espiritual presente. Deje que estos sueños sigan actuando en usted mediante la meditación y mirando dentro de usted mismo.

9. Sueños sin ningún contenido espiritual

Esto sueños caóticos surgen cuando dormimos mal, favorecidos por:

- Habitaciones sobrecalentadas
- Sábanas demasiado frías o demasiado calientes
- Mala postura corporal (lado izquierdo)
- Comer demasiado tarde (después de las 20 h)
- Consumir alcohol por la noche y la consiguiente indisposición
- Tomar café o té negro por la noche o a última hora de la tarde
- Campos magnéticos como contaminación electromagnética o corrientes de agua, etc.
- Televisión
- Libros excitantes
- Litigios
- Olor demasiado fuerte en el dormitorio o en el cuerpo

Probablemente sea usted capaz de añadir más motivos a esta lista.

Si prestamos atención a algunas cuestiones es posible curar el propio subconsciente durante la fase de sueño y llevarlo hacia lo luminoso y lo positivo.

- Antes de que sea de noche, rece una oración protectora (véase página 117). Rece esta oración, sobre todo, si se siente observado en su dormitorio o si nota que no está solo. De este modo se fortalece a sí mismo mediante la ayuda consciente de los ángeles (a pesar de que su ángel de la guarda esté a su lado en todo momento). Así expulsa a los seres impuros con su libre albedrío, mejor dicho: envía lo muerto hacia la luz.
- Pídale a su ángel de la guarda antes de irse a dormir: «Querido ángel de la guarda, toma mi mano, condúceme a través de la noche, quiero enfrentarme a todo con amor. Amén». De este modo, se fortalecerá su libre albedrío y su mente despertará a la bondad; crecerá en virtud.
- Mediante su confianza y sus pensamientos usted pasa de ser una víctima, o de ostentar un papel de verdugo, a la posición neutral de observador. De esta manera permanece en la energía del amor que le permite, aun en mitad de un angustioso sueño, pedir consejo a su ángel de la guarda.
- Cuando usted toma en el sueño la actitud que le recomienda su ángel de la guarda, el patrón «negativo» de su subconsciente que antes estaba actuando se cura. Entonces, su Yo Superior actúa sanando al subconsciente y usted alcanza un nuevo conocimiento. Es el efecto de una forma especial de la trinidad formada por cuerpo, mente y alma.
- Eche un vistazo atrás con la conciencia vespertina para eludir los sueños diurnos. Por la mañana utilice esta mirada hacia atrás, con la conciencia matinal, para hablar con el mundo espiritual de luz y darle a su subconsciente apoyo y desarrollo espiritual. Encontrará indicaciones prácticas en los ejercicios para mirar hacia atrás.

10. Sueños que acentúan la personalidad

Son sueños en los cuales se experimenta peligro o tensión y que, sin embargo, nos hacen recordar las energías luminosas positivas que activan los buenos pensamientos para que, con ayuda de ellas, los sueños puedan tomar una buena salida (por ejemplo, sueños criminales que se repiten). Yo, de algún modo, veo cómo el mundo espiritual de luz nos «educa» para que desarrollemos cada vez mayor confianza y no tengamos miedo a darle cada vez más espacio a las energías luminosas dentro de nosotros.

Mirar hacia atrás

En mi primer libro, *Engel und die neue Zeit* (en español, «Los ángeles y la nueva era») tocaba el tema de «mirar hacia atrás» desde otro contexto. Aquí solo me gustaría repetir lo más importante y aludir a ello en lo referente a la ayuda en los sueños y el trabajo con los símbolos.

La mirada hacia atrás consiste en ser conscientes de lo que vivimos. Qué sucesos, ideas y sentimientos experimentamos, cómo reaccionamos, qué reacciones causan, qué impresiones y patrones aparecen bajo determinadas circunstancias, etc. Cuando somos conscientes de estas cosas nuestro espíritu se abre más y gana claridad, y no somos víctimas de las ideas, la sensiblería o las influencias externas con tanta facilidad, algo que puede hacer que o bien aparezcan sueños incriminatorios o que nuestro día a día pierda su armonía.

La mirada hacia atrás es un medio sencillo de desarrollar nuestra capacidad de percepción espiritual y nuestro discernimiento más allá de las consecuencias beneficiosas que pueda tener. Este se percibe no solo en la belleza de los sueños, sino también en nuestro trabajo espiritual. Veamos ahora algunos ejercicios eficaces.

Cuatro ejercicios para la mirada hacia atrás

Para cuando se encuentre en una situación vital que requiera trabajar especialmente en usted para mantener la claridad y fortaleza, sin importar lo difíciles que puedan ser las circunstancias. Este ejercicio le ayuda a utilizar todo lo que le ofrece un día entero y una noche de experiencias. No importa si practica los siguientes ejercicios diariamente o solo de vez en cuando. Tampoco hace falta que realice las cuatro partes. Lleve a cabo aquella parte que a usted le parezca más indicada para la situación en la que se encuentra.

MIRADA A LA CONCIENCIA MATUTINA

Si por las noches recibe mensajes de forma consciente que le gustaría escribir nada más levantarse a la mañana siguiente, puede apoyarse en la cama y sentir:

- ¿Qué sentimientos e imágenes me han acompañado durante la noche? (En caso de que se haya despertado por la noche y haya escrito algo, véase el ejercicio de la conciencia nocturna, ya que será más preciso).
- ¿Qué significado tienen esas imágenes y sentimientos? ¿Qué me dicen?

Este ejercicio ayuda a que preparemos mejor y de forma más consciente el día que va a comenzar, ya que nuestro ángel de la guarda puede aconsejarnos y transmitirnos mensajes durante la noche sobre la jornada siguiente (véase el ejercicio para la conciencia nocturna).

MIRADA A LA CONCIENCIA DIURNA

Con este tipo de mirada hacia atrás a lo largo del día podemos evaluar nuestra actitud y disposición, y orientarla cada vez que queramos hacia el mensaje nocturno de nuestro ángel de la guarda, en caso de que con el ajetreo cotidiano lo hayamos perdido. El ejercicio también ayuda a recordar los mensajes que hayamos recibido por la mañana durante la meditación del ángel de la guarda. Para realizarlo, puede usted permanecer de pie o sentado; es rápido y muy sencillo.

- Respira suave y profundamente hacia tu vientre; relájate.
- Siente tu chacra del corazón, cálido y suave.
- Pregunta a tu corazón: ¿Qué actitud interior me ha recomendado mi ángel de la guarda para el día de hoy?
- Adopta esta actitud de nuevo de forma consciente y activa.
- Este ejercicio te ayuda a mantener una actitud luminosa a lo largo del día.

MIRADA A LA CONCIENCIA VESPERTINA

Siéntese cómodamente. Lo ideal sería que no practicara este ejercicio tan tarde como para estar ya cansado y quedarse dormido. Un buen momento sería entre las 19 h y las 20 h. El ejercicio puede durar alrededor de media hora, pero también lo puede realizar en menos tiempo.

- Cierra los ojos y haz un repaso de lo que ha sido tu jornada. Comienza en el instante en el que te encuentras y ve «retrocediendo» a lo largo del día hasta el momento en el que te despertaste esta mañana. Primero, recuerdas: ¿Qué día es hoy? ¿Qué hora es?
- Luego, observa este día como si fuera una película que va hacia atrás. Por ejemplo: acabo de sentarme, antes he ido hasta la silla, antes he abierto la puerta del dormitorio, antes he recorrido el pasillo desde el baño hasta la puerta del dormitorio, etc. Así hasta el momento en el que ha sonado el despertador esta mañana.
- Trata de recordar tantos detalles como te sea posible. Cuando hayas hecho este ejercicio varias veces, serás capaz de recordar más detalles.
- Este ejercicio no debería estresarte. Cuando notes que hay algo que te has saltado, no hace falta que vuelvas al principio, solo al suceso que has pasado por alto, para continuar hacia atrás desde ese punto.

- Si al principio te resulta demasiado observar hacia atrás un día entero, puedes realizar este ejercicio a mediodía para la primera mitad de la jornada y por la noche para la segunda.

El ejercicio parece muy simple, pero es muy eficaz. Se consiguen tres objetivos:

1. Le ayuda a equilibrar las dos mitades de su cerebro y a eliminar de esta manera mucho estrés.
2. Con este ejercicio consigue lo mismo que las vacas con sus «muchos» estómagos: procesar el día antes de acostarse. Los sucesos del día son, por así decirlo, «digeridos». Esto mejorará significativamente su descanso y la calidad de sus sueños. Finalmente, también apoya a su ángel de la guarda en su tarea de ayudarle a procesar la jornada y luego dejarlo marchar. El ángel de la guarda se dedica a esta tarea solo entre las 22 y las 24 h (es una pena para nuestras costumbres que no pueda ser incluso más tarde, pero está en consonancia con las leyes del cosmos. Por eso tiene mucho sentido no acostarse demasiado tarde).
3. El motivo principal para este ejercicio es que pueda repasar sus actos, que los observe desde una cierta distancia o, incluso, que los examine posteriormente para comprobar si en una situación similar tal vez querría actuar de otro modo y ver qué ha aprendido de su comportamiento.

Yo recomiendo este ejercicio para los casos de inquietud y trastornos del sueño.

MIRADA A LA CONCIENCIA NOCTURNA

Entre la medianoche y las dos de la madrugada nuestro ángel de la guarda nos prepara para el nuevo día. Por eso puede suceder que viva sueños por la noche que contengan importantes e interesantes mensajes para el nuevo día. Cuando con el tiempo vamos siendo más conscientes de estos mensajes podemos dejar que nos guíen en nuestros actos cotidianos. El «ejercicio» consiste en una sola cosa:

- En caso de que se despierte por la noche, anote la primera imagen o palabra que le venga a la cabeza y luego continúe durmiendo tranquilamente.

No hace falta que haga nada más. Con el tiempo se le hará cada vez más evidente la importancia que tiene acostarse temprano a la hora de recibir un mensaje y lo relevantes que estos mensajes pueden ser para su posterior desarrollo.

A aquellos lectores que piensan que no deberíamos llevar a cabo tantos ejercicios, puesto que ya tenemos demasiadas cosas a las que hacer frente a lo largo del día, me gustaría animarles con mi propia experiencia. Yo, como madre joven e involucrada en proyectos, seminarios, transmisión de mensajes celestiales y cursos de formación, estoy, a veces, tan ocupada como cualquier persona, tal vez incluso más. La mayoría de los días no encontraría tiempo para ponerme a meditar, por ejemplo, durante una hora o más. No obstante, sé que estoy conectada casi en todo momento con el mundo espiritual de luz y que puedo establecer contacto con los ángeles y otros ayudantes en cualquier instante. Esto es solo posible, pienso yo, porque casi todos los días, de forma regular, a lo largo del día, a veces aunque solo sea un ratito, sintonizo de forma consciente con el guía interior a través de los seres luminosos.

- Los sueños son parte del subconsciente.
- En nuestros sueños procesamos los sucesos del día a día y podemos recibir mensajes del mundo espiritual de luz.
- Cuando percibimos y comprendemos correctamente los impulsos de los mensajes de nuestros sueños ayudamos a la curación.
- El sencillo ejercicio de echar la mirada hacia atrás nos ayuda a ser más conscientes y a llevar una vida más plena.

10

Interpretación de los símbolos de los sueños, mensajes celestiales y visiones

A menudo, aparecen símbolos en los mensajes celestiales, las visiones y los sueños. Debemos reconocerlos e interpretarlos como símbolos.

Los símbolos nunca tienen nada que ver con una lógica intelectual, ya que son el reflejo de un idioma espiritual. En este punto lo primero que encontrará son algunos consejos básicos en relación con el significado de los símbolos que aparecen con mayor frecuencia, y luego una exposición de ellos y su posible interpretación.

- En la interpretación de los sueños y de los mensajes celestiales y las visiones, las acciones y emociones solo juegan un papel secundario.
- En primer lugar, siempre se sitúan los símbolos; estos son decisivos para su interpretación.
- Permanezca en el papel de observador.
- Pregunte a su corazón desde una actitud intuitiva qué significado tiene el símbolo para el receptor.
- En general, los símbolos deben observarse según sus cualidades y evitar su interpretación.
- Si los colores son positivos y brillantes esto indica éxito.
- Si los colores son oscuros o turbios se trata de una señal para que pongamos atención y cuidado.
- Si la orientación es hacia arriba, la mayoría de las veces hay que verlo como algo positivo.

- Si la orientación es hacia abajo, probablemente se trate de temas o cosas dolorosas.
- Los sueños en un idioma extranjero significan: «Puedes aprender este idioma con facilidad».

Abeja = El trabajo se recompensa
 Abeja reina = Nuevas tareas espirituales
Agua = Corriente curativa
 Agua limpia = Limpieza, iluminación, éxito
 Agua sucia = Relaciónate con tu propia salud y permanece atento a las decisiones
 Nadar en el agua = Ser libre
Águila = Fuerza, sabiduría
 Águila marrón = Capacidad curativa chamanística-kármica
 Águila blanca = Conocimiento espiritual
 Águila negra = Libera tu conocimiento ancestral
 Águila dorada = La sabiduría de Dios está en ti
Ahogarse = Señal de algún miedo que debes eliminar
Aletas = Encuentra tu seguridad, contacto con la realidad
Altitud = Éxito
Amanita muscaria, setas venenosas = Lesiones
Amatista-Drusa = Protección espiritual más fuerte
Ángeles de pie, en fila = Protección
Anillo = Eres aceptado
Arañas, cucarachas, ratones, ratas = Podría tratarse de un ataque de energías adversas; también de miedos
 Arañas = Supera tus miedos, date tiempo para hacerlo; analiza tus decisiones
 Ratas = Permanece atento
Árboles = Mantente entre el cielo y la tierra
Árbol de Navidad
 Árbol mustio = El pasado quedó atrás
 Árbol sano = Muchos motivos para la alegría

Arco (edificio)
    Arco oscuro = Encuentras el camino
    Arco brillante = Un nuevo camino está ahí
Arco (flechas) = Nuevas perspectivas
Arco de luz = Sigue el nuevo camino
Arcoíris = Mensaje espiritual
Arroyo = Llegar al hogar interior
Asclepio (vara de) = Capacidades curativas ancestrales, mística y chamanismo
Azúcar = La dulzura de la vida
Balsa = Descansa, espera
Báculo = Encuentra tu camino
    Báculo blanco = Las energías celestiales fluyen en tu interior
Barco = Tranquilidad, descanso
    Barco de vela = Dirección correcta
Barrer la suciedad/polvo = Disputa con poderes adversos
Bastón = Realización
    Bastón dorado = Recibes poder
    Bastón plateado = Te guían
    Bastón metálico de otro color = Tu guía se te dará a conocer
    Bastón de madera = Actitud compasiva y firme
Bastón de luz que apunta hacia el cielo = El mundo espiritual de luz te transmite una capacidad
Basura = Deshazte de muchas cosas
Billetes = Flujo económico
Boda = Te encuentras en una fase decisiva de tu vida
Boca = Comunícate
Bosque = Encuentra la visión
    Camino forestal = Todavía queda algo por hacer
Caballo = Tienes fortaleza y autoconfianza
    Caballo negro = Gran poder ancestral
    Caballo blanco = Poder espiritual
    Caballo marrón = Firmeza, confianza elemental
    Cactus = Sepárate de las cosas que te estorban

Caballito de mar = Magia interior
Cadáver (por arma o chuchillo) = Céntrate en el presente para que una nueva fase luminosa pueda comenzar
Calaveras = Carga kármica
Cáliz = Recibe el poder de Cristo
Camino = Continuar
Camino en línea recta = Conoces tu camino. Éxito y claridad sobre tus decisiones
Camino con curvas que serpentea = Buscas tu camino; analiza tus decisiones
Camión = Empieza tu camino
Camión de bomberos = Decídete
Campana = Despierta, sé consciente de tu singularidad
Campo = Observa lo nuevo
Canguro = Nervio e intranquilidad; aporta equilibrio a algo
Cantar = Te comprendes a ti mismo
Capucha = No dejes que las dudas te cubran
Caracol = Recorres tu camino, no importa si más o menos rápido
Carta (de juego) = Sé consecuente y emplea tu desarrollo sin impaciencia y sin arriesgar
Casa = Cambio
Casa (de pie dentro de la) = Reconoce lo que hay que hacer ahora
Casa (mirar hacia arriba desde el tejado de la) = Recibe tu tarea
Casa (mirar hacia abajo desde el tejado de la) = Presta atención a tus pasos
Casa vista desde fuera = Un gran paso hacia el exterior; profunda transformación positiva
Casa vista desde el interior = Aclárate, no te pierdas
Casa en ruinas = Deja atrás los problemas
Castillo = Seguridad
Castillo plateado = Estás bendecido
Castillo dorado = Protección divina
Castillo diferente (hierro) = Desarróllate

Cerezas = Benefíciate de tu conocimiento
Cetro = Conocimiento divino, poder
Chal de seda = Pureza, orientación
Chimenea (utensilios para) = Hay mucho que hacer para un objetivo hermoso
Chocolate = Alegría de vivir
Cielo = Posibilidades
  Cielo azul, despejado = Claridad
  Cielo nublado = Ábrete
Cintas (de colores) = Fuerza; distintos atributos
Círculo = Estás en ti y en tu perfecto camino
  Círculo negro = Tristeza, dolor
  Círculo blanco = Comprensión
  Círculo de colores = Desarrollo
Círculo de energía = Has encontrado tu camino vital con el sentido de tu vida
  Gira hacia la derecha (sentido de las agujas del reloj) = Consumo de energía
  Gira hacia la izquierda (sentido contrario a las agujas del reloj) = Armonización mediante la abundancia de energía
Ciruelas = Permanece abierto a nuevas impresiones
Cisne = Belleza
Columpio = Tómate la vida con serenidad
Concha = Oportunidad
  Concha de Santiago = Lo sagrado se encuentra en el corazón de tu interior
  Concha de ostra = Escoge solo lo mejor
Copa de la victoria = Eres un ganador
Copos de nieve = La belleza de la vida se muestra en distintas situaciones, también en las angustiosas
Corazón = Sentimiento, ¿Por qué late tu corazón?
Cordero = Piedad
Corona = (Dignidad, sentimiento de autoestima) Acepta tus fuerzas

Corona de adviento = Corriente, bendición
Corzo = Garbo y finura
Cruz = Conexión con lo elevado
Cruz griega = En el cuerpo actúa una conexión con las energías divinas del amor hacia las personas y la independencia; aceptación divina, poder y bendición
Cruz cristiana de un color brillante = Tu confianza elemental está curada
Cruz cristiana de un color oscuro = Cura tu conexión con el mundo espiritual de luz
Cruz rodeada por un círculo = Ayuda al equilibrio
Cruz de San Andrés = Distracciones del camino divino; dificultad, opresión
Cruz formada por dos lemniscatas = El poder de Cristo en su infinitud
Cruz celta = Flujo de energía divina
Cruz con una X (como la de las vías del ferrocarril) = Parada y protección
Cruz invertida = Oscuridad; lleva al alma hacia abajo; contacto con energías negativas
Cruz esvástica (girando en sentido antihorario como la cruz gamada, la antigua cruz celta y la rueda tibetana) = Limpia las energías y libera la energía vital; fuerza para poder dejar ir
Cruz que se ensancha en la parte final (cruz templaria, cruz paté) = Transformación kármica
Cruz de doble hélice = Conexión entre el cielo y la tierra
Cruz dentro de un cuadrado = Has llegado a tu hogar
Cuadrado = Realización de una tarea práctica
Cuarzo rosa = Capacidad para un amor ilimitado
Cuchara = Creación de la vida
Cuchillo = Lo viejo se corta para que pueda empezar lo nuevo
Cuchillo y tenedor = Aliméntate espiritualmente
Cuernos = Fuerza

Cuerpo (humano) = Estás en el camino hacia tu desarrollo
Delfín = Camino hacia la felicidad
Desnudo (verse a uno mismo o a otra persona) = La persona en cuestión quiere prestar atención a su salud
Diamante = Tu pureza es clara
Dientes = Fuerza, energía
  Dientes de animales = Antiguas energías chamanísticas quieren despertar en ti
  Diente(s) de personas = Riqueza
  Dientes (pérdida) = Penurias por miedos
Dinosaurio = No le des vueltas a las viejas cosas
Dragón = Triunfo sobre el miedo
Elefante = Sabiduría ancestral
Embarazo = Nuevas cosas espirituales vienen hacia ti
Embrión = La fuerza de tu personalidad quiere despertar en ti
Esfera de luz = Lo divino te observa
Escalera = Ve hacia adelante con decisión
Escarabajo = Sigue buscando tus tesoros
Escoba = Recoger
Escorpión = Sé decidido en tus actos
Espejo = ¿A quién le envías confianza?
Espada = Poder
  Espada hacia abajo = No luches (por poder), conserva tu paz interior
  Espada hacia arriba = Ten valor para imponerte; para llevar a cabo cosas o planes
Espiral = Reconocimiento en uno mismo y en los demás; encontrar el equilibrio entre el interior y el exterior
  Espiral hacia arriba = Ábrete a tus capacidades
  Espiral hacia abajo = Emplea tus facultades
Estanque = Encuentra tu libertad
Estatua de la Virgen María = Feminidad, energía curativa
Estrechez = Miedo

Estrellas (una o más) = Apertura a todos los niveles; vuelves a tomar conciencia de las energías que traes a través del karma y que se unen a tus energías: apertura a todas las energías luminosas

Estrella tridimensional = Iniciación

Estrella de cinco puntas = Capacidades

Estrella de cinco puntas invertida = Cuida tus poderes (oración protectora)

Estrella de seis puntas = Despertar de las facultades

Estrella de siete puntas = Los poderes curativos del cielo actúan a través de ti

Estrella de doce puntas = Limpieza

Estrella de David (estrella de los judíos) = Paz y equilibrio entre cielo y tierra

Estrella de Belén = Guía espiritual

Estrella de mar = Permanece en la plenitud de tu fuerza

Excremento / heces = Flujo de dinero

Farol = Tu luz está saliendo

Flores en general = Capacidad curativa celestial

Flor marchita = Presta atención

Flor fresca = Nuevo comienzo, éxito

Lirio blanco = Nuevo comienzo y curación

Lirio de los valles = Despertar interior

Amapola roja = Tienes tu energía

Rosa = Amor a uno mismo

Rosa oscura = Amor universal

Peonía = Despertar de la riqueza divina en ti

Nenúfar = Puedes crear paz y serenidad

Tulipán = Acepta ayuda

Fuego = Curación de vivencias kármicas; liberación; incineración de los miedos

Funeral = No busques reconocimiento en el exterior

Gatos = Conocimiento

Gatos extraños que parecen desagradables = Señal de poderes adversos; ataques; miedos propios

Gatos propios que resultan agradables = Protección luminosa

Globo terráqueo = Tienes el poder de bendecir al mundo y curarlo

Gorila = ¿Qué hay en ti que no quieres conocer?

Gritar en sueños = Es señal de algún trauma, pregúntate qué es lo que te asusta

Habitación = Tarea

Habitación con claridad = Deja que la confianza elemental te guíe, y recibe sus enseñanzas

Habitación en penumbra = Cuidado a quién envías confianza, y enciende tu propia luz

Habitación iluminada = Todavía tienes que convertirte en un todo con tu poder

Habitación a oscuras = Peligro; analiza tus actos

Delante de una habitación = Atrévete a dar tus pasos con decisión

Flotar sobre una habitación = Capacidad para un viaje astral

Debajo de una habitación = No te dejes aplastar

Hada = Sutileza, capacidad para el amor, relación con la naturaleza

Hexágono de tres triángulos = Alcanzas tu objetivo

Hierro (barra de) = Endurecimiento, soledad

Hormiga = Tienes la misión de ayudar en esta tierra

Huevo = Fertilidad, plenitud, sorpresa, madurez

Medio huevo = No te dejes distraer por las dudas

Iglesia = Encuentra tu verdad

Incienso = Fuerzas espirituales

Indio = Poder chamanístico

Insectos = Los razones de tus preguntas yacen en lo más profundo de tu interior

Polillas = Deja el pasado en paz

Abejorro = María santísima

Laberinto = Búsqueda de uno mismo, hallazgo de uno mismo (al observar interiormente este símbolo hay que respirar con calma y contemplar la situación desde arriba para que uno no se confunda ni se pierda dentro del laberinto y pueda llegar al centro)

Labrador = Tienes ante ti importantes tareas

Lechuza = Observa con atención

Lemniscata = Requerimiento para el ejercicio de autocuración para quemaduras, lesiones, calambres

Lemniscata horizontal = Deja marchar los miedos que te limitan e incapacitan; curación de tu vida, así como de tu karma

Lemniscata vertical = Orientación hacia el cielo; desarrollo de capacidades espirituales

Lemniscata en una columna de luz = Conexión

Lemniscata delante de una persona = Deja que tus capacidades entren en ti

Lemniscata detrás de una persona = Recuerda de lo que eres capaz

Lemniscata dentro de una persona = Tus capacidades están dentro de ti

Lemniscata a la izquierda de una persona = Sumérgete emocionalmente en tus capacidades

Lemniscata a la derecha de una persona = Pon en práctica tus capacidades

León = Fortaleza para dar un paso adelante; movimiento interior

Letra (escritura) = Información

Letras doradas = La puerta al conocimiento

Libro = Sabiduría

Libro cerrado = Desarróllate hacia tu riqueza interior

Libro abierto, vacío = Aprende a crear desde tu riqueza interior

Libro abierto, idioma extranjero = Vas a aprender un nuevo poder

Libro abierto, legible = Crea desde este contenido

Libro abierto, hojeando constantemente = Utiliza poco a poco tu conocimiento, despacio

Llamas = Energía, purificación

Llave = Puerta hacia algo concreto

Llave plateada = Tu plan está bendecido

Llave dorada = Tu tarea te ha sido encomendada desde lo más alto
Llave distinta (hierro) = ¿Qué quieres?
Llorar en sueños = En realidad, es señal de una gran alegría interior
Lobo = Estás en el camino hacia el saber
Lodo = Absorbes conocimiento
Mano = Ayuda, confianza
Mano abierta = Un guía espiritual trabaja dentro de ti
Mano cerrada = Debes tener confianza
Manzano = Tus planes se realizarán
Mar (en calma) = Vas camino del éxito
Mariposa = Reconoce la levedad y belleza de la vida; vivirás tu plenitud interior; conocimiento de uno mismo
Materiales:
Madera = Firmeza y camino hacia la luz
Hierro = Liberación
Oro = Integridad
Gemas = Tarea espiritual
Vidrio = Entendimiento, comprensión
Cobre = Esencia curativa
Corcho = Honestidad, vivacidad
Plástico = No te dejes desvirtuar
Plata = Camino hacia el perfeccionamiento
Aluminio = Invencibilidad
Cristal = Nuevo poder
Piedra = Conocimiento ancestral
Plomo = Elimina tu pesadez
Cerámica = Creatividad
Mirra = Victoria de la vida; flujo
Mitra = Conocimiento y dotes traídos
Monedas = Es posible que haya ajustes económicos, cuida tus gastos
Monedero = La abundancia se aproxima
Montaña = Poder curativo chamanístico
Monte = Crea mucha energía

Morirse = Dejar ir las preocupaciones e ir hacia la individualidad
Mosaico = Un hermoso secreto
Muro = Obstáculo, pero también protección
Nacimiento, bebé, niño pequeño = Nuevas ideas
  Nacimiento de un muchacho = Tu proyecto está bendecido con el éxito
  Nacimiento de una muchacha = Vigila que haya sinceridad a tu alrededor
Narciso de las nieves = Te descongelas
Naturaleza (animales, plantas, así como seres naturales en general) = Si tienes a menudo estas apariciones significa que los poderes chamanísticos predominan en ti; si uno ve seres naturales en lugar de ángeles, es señal también de que en ti hay un poder chamanístico. Si aparecen solo una vez, es un mensaje que te muestra tu camino en la vida y tus tareas
Niebla (tarea para) = Encontrarse a uno mismo; necesitas armonía en ti
Niño/a = Autoafirmación
  Niño/a ahogándose = Cura tus heridas
  Niño/a radiante, feliz = Permanece en tu alegría
Novia = No dejes que los demás decidan por ti
  Novia (velo de) = ¿Qué hay delante de mí que yo deba conocer?
Ojo(s) de animales, personas o indefinidos que te observan con serenidad = Curarás y serás curado
Olivo (rama de) = Sabiduría
Oro = Sabiduría, poder divino
  Oro (montón de) = Arraigo, riqueza
Oruga = Transformación
Pájaro = Libertad
  Bandada de pájaros = Levanta la cabeza y piensa en la luz
  Petirrojo = La naturaleza quiere regalarte su magia; llénate de la energía de la naturaleza
  Pajarillos = Levedad, sensación de libertad
  Gorriones = Naturalidad, honestidad

Pajarillos dorados = El conocimiento divino vuela hacia ti
Pajarillos negros = Deja atrás tu tristeza
Ave del paraíso = Liberas la belleza de la vida
Halcón = Nuevo valor del poder ancestral
Paloma = Paz
Pato = Comodidad
Pavo real = Dignidad
Pradera = Grandeza, camino sencillo
Perro = Siente bien hacia dónde debes ir
Perro amistoso = Amistad
Perro amenazador = Ten cuidado en quién confías
Perro egipcio = Despiertan viejas cualidades
Pendiente = Curación kármica
Pendiente (de botón) = Personas = Encuentro
Con personas conocidas = Reflejo del propio Yo
Con personas desconocidas = Busca tu camino
Madre = Despierta tu feminidad, tu confianza
Padre = Eres lo suficientemente fuerte como para asumir las riendas de tu vida
Hombre joven = Eliminar las limitaciones del interior
Mujer joven = Estás tocado por el amor. Abre tu corazón
Pentagrama (punta hacia arriba) = Una capacidad se forma en ti
Perlas (collar de) = Tu camino se completa
Perlas de agua dulce = Te guían
Pez = Busca tu propio camino
Pez pequeño = Deja de esconderte
Pez grande = Utiliza la cantidad de posibilidades y salidas a tu disposición
Pez muerto = No intentes curar lo viejo, construye sobre el nuevo conocimiento y la experiencia
Piedra = Atención
Piedras = Superas tus obstáculos con profunda sabiduría
Pies (grandes) = Gran camino

Pinzas = El esfuerzo ya acabó
Pipa de tabaco = Relájate
Pirámide = Un camino hacia lo elevado
Piscina = Consigue una visión conjunta de tu vida
Pistola = No hay temor
Plantas curativas = Energía curativa chamanística
Pluma = La fuerza reside en la levedad
Pluma en las alas de los ángeles = Poder elevado, aportar luz a la materia; tienes la fuerza para traer algo a tu vida
Pluma naranja = El camino hacia la levedad pasa por la alegría de vivir
Pluma roja = La energía curativa chamanística despierta en ti
Pluma de escribir = Conocimiento acumulado, percibe tus posibilidades
Pompa de jabón = El mundo espiritual de luz tiene preparada una sorpresa para ti
Portal = Te abres
Profundidad = Analiza tus decisiones y tu comportamiento
Puente = Da un paso hacia tu futuro, hacia tu propia santidad
Puente roto = Tu plan no se ha alcanzado
Puerta = Encuentra tus decisiones
Puerta abierta = Tu camino está despejado
Puerta cerrada = Tienes que abrir algo de ti
Raya (horizontal, vibrando en el centro) = Siente tu intuición
Recipiente, cesto (abierto) = Concentración de energías
Rectángulo = El mundo espiritual tiene preparada una tarea para ti
Rombo = Logras tu equilibrio; céntrate en ti mismo
Rostro(s) de personas = Relación con uno mismo
Rostro enfadado = Sé sincero contigo mismo
Rostro amable = Ten confianza hacia los demás
Rostro de Jesucristo = Serás bendecido
Salamandra = Energía curativa chamanística
Sangre = Procesos individuales y personales

Sangre de animal = Procesos de resolución kármicos dirigidos a la familia
Sangre humana = Relaciones personales

Semáforo = Señal importante
Semáforo rojo = Te estás quemando; considera tus decisiones
Semáforo ámbar = Siente tus decisiones
Semáforo verde = Estás preparado, el camino está despejado

Seleccionar fotografías = Llevar orden y perdón al pasado

Seres naturales = Tienes clarividencia

Serpientes = Sabiduría

Sexualidad = Eliminar las tensiones
Con una sensación beneficiosa después = Desencrispación
Con una sensación negativa después = ¡Ataque de poderes adversos! Aprende a manejar tu subconsciente mientras actúas en los sueños con amor mediante tu libre albedrío y elimina los bloqueos inconscientes durante el día

Silbato = Eleva tu melodía

Silla = Toma asiento

Sillón = Descansa

Sofá = ¿Quieres descansar o actuar?

Sol = Ir hacia el interior
Sol (luz de) = Sales de ti mismo
Sol (puesta de) = Descansa, finaliza tus tareas

Sombrero = Estás protegido

Supermercado = Recibes cosas nuevas

Sombrilla = Te abres

Telón = ¡Atrévete!

Techo = Seguridad; alza tu cabeza

Tortuga = Conocimiento antiguo

Tren / vehículo = Tienes ante ti un viaje

Túnel = Camino hacia el objetivo

Traición = Recuerda intensamente tu confianza elemental

Triángulo = Equilibrio en cuerpo, mente y alma

Triángulo hacia arriba = Orientación

Triángulo hacia abajo = Sopesa algo, no tomes aún ninguna decisión

Triángulo dentro de otro triángulo o en una pirámide = Estás en la búsqueda de tu camino; detente

Unicornio = Posees cualidades mágicas, mejor dicho, cósmicas; de ahí tu llamada a ser maestro espiritual

Uvas = Riqueza, plenitud en el interior

Vals = La alegría de vivir regresa

Vela (barco) = ¡Adelante!

Velas = Desarrollo

Velas encendidas = Luz eterna

Velas apagadas = Deja atrás los miedos

Ventana = Percibe tus posibilidades

Ying-Yan = Adquieres equilibrio

Zapatos = Sigue tu camino

Botas de agua = Vale la pena el esfuerzo

Botas de senderismo = El camino está ante ti

- Los símbolos son, a menudo, imprescindibles para la comprensión de los mensajes celestiales, ya que su contenido es transmitido de esta manera desde el mundo espiritual de luz.
- Las indicaciones deberían servir de entrada. Confíe en su intuición antes que en estas indicaciones, si su instinto le señala algún otro significado.

11

Observar el aura y los chacras

Qué relación tienen el aura y los chacras con la salud.
Aprender a observar el propio aura y los chacras.

Aura y chacras

Todo cuerpo tiene su propio campo energético. Este campo de energía está compuesto por el aura y los chacras. El aura está formada por varias capas sutiles de energía alrededor del cuerpo. Los chacras son centros de energía sutiles del cuerpo (pero no como las glándulas, con las cuales a menudo se corresponden, sino como centros trascendentales no medibles físicamente).

El campo energético del cuerpo oscila con el campo energético de la tierra y de todo el cosmos. No solo es necesario para la curación, sino para la vida diaria, para «almacenar» una y otra vez energía fresca y pura de los niveles luminosos divinos y para poder levantarnos, volver a mentalizarnos y seguir desarrollándonos.

Ejercicio para la percepción del aura

Este ejercicio puede llevarse a cabo entre dos o, si uno no encuentra compañero, también en solitario. Puede hacerse sentado o de pie. Yo solo doy algunas claves.

EJERCICIO PARA DOS

- Respirad profundamente tres veces.
- Pensad, mejor dicho, sentid: «Me conecto con el mundo espiritual de luz».
- Sentid el amor hacia la persona (amigo, cliente), envolvedla, volved a respirar profundamente hacia el vientre.
- Sentid con los ojos cerrados dónde está vuestro cuerpo.
- Preguntad cariñosamente: «¿Qué debo descubrir sobre ti, para ti?».
- Observad, ya sea con los ojos abiertos o cerrados, la zona del pecho y luego el abdomen.
- Observad los límites del cuerpo.
- Contemplad cómo brillan los colores de la ropa.
- Observad la energía:
  - de los hombros
  - de la cabeza
  - del chacra de la coronilla
  - de la espalda
  - de la pelvis, la zona del vientre
  - de las piernas
  - de los pies
- Enviad al aura de la otra persona la pregunta «¿Qué quiere decirte tu luz a través de mí?» y prestad atención a:
  - el tamaño del aura
  - el movimiento del aura
  - el color del aura
- Observad los posibles cambios energéticos, las imágenes y los símbolos en la otra persona.
- Sentid el calor en vuestro pecho y dejad que surja el mensaje en vuestro interior.
- Sentid: ¿Qué debería decirle a la otra persona?
- Después, preguntad: ¿Hay algo más que decir?

- Cuando el mensaje haya concluido, daos las gracias.
- Respirad profundamente tres veces.
- Volveos a encontrar en vosotros mismos, en cuerpo, en el aquí y el ahora

Si uno practica este ejercicio a solas, debe realizar los cambios correspondientes. Deberá plantear, por tanto, las preguntas en primera persona y observará su propio cuerpo y su aura.

Comprobación mediante la intuición

Dependiendo de si este ejercicio se realiza para y con otra persona (amigo, cliente) o para uno solo necesitamos las energías intuitivas para comprobar diversos indicios y finalizarlo.

- ¿Qué imágenes, colores y vibraciones has visto?
- ¿Qué sensación acompañaba a estas imágenes?
- ¿Qué mensaje traen consigo estas percepciones?
- ¿Qué oración te parece la más adecuada? (Si a la otra persona no se le ocurre nada, puede sentir dentro de usted mismo y hacer alguna propuesta; pregúntele a la otra persona si esta oración le parece bien o elija otra de este libro, de mi primer libro u otra completamente distinta).

Cuando no haya otra persona, simplemente, formúlese las preguntas a sí mismo. Por ejemplo, «¿Qué imágenes,… he visto?».

Meditación curativa del chacra

- Siéntate relajadamente. Lleva tu respiración hacia un flujo sosegado. Siente el amor dentro de ti. Sonríe desde el corazón.
- Relaja tu cuerpo de abajo arriba. Relaja la musculatura de los pies, las piernas, la pelvis, el vientre, la espalda, los hombros, los brazos, las manos, el cuello y la cara.

- Siente en el corazón: «El amor me llena» y disfruto del descanso.
- Respira hondo y relájate. Sonríe a tus chacras uno tras otro de abajo arriba.
- ¿Cómo ves y sientes tu chacra raíz? ¿Vacío y deformado o grande y lleno? Independientemente de cómo percibas los chacras y al margen de los colores y la vibración, refuérzalos enviándoles amor. Siente «me quiero», dirige tu atención hacia tu chacra raíz y envíale una sonrisa desde tu corazón.
- Haz esto también con otros chacras, uno tras otro.
- Cuando hayas terminado, observa cómo sale de ti una gran columna de luz. A lo largo de esta columna, la luz del cielo fluye a través de ti hacia la tierra. Reposta y deja que siga fluyendo.
- Deja que en tu chacra del corazón surja una cruz isósceles.
- Observa un círculo de luz alrededor de ti.
- Regresa lentamente al sentimiento «me quiero».

- La percepción consciente, la observación del aura y de los chacras ayuda a tomar conciencia del cuerpo físico y «tosco» y de sus necesidades.
- Este es uno de los elementos necesarios para que las energías luminosas y, sobre todo, las energías luminosas de los mundos celestiales se activen y dirijan.

12

Curar con los símbolos curativos, oraciones y bendiciones

Conocimiento y utilización de tres importantes símbolos curativos. Curación con oraciones y bendiciones.

Tratamiento con símbolos curativos

Los símbolos contienen poder. Eso es algo que se sabe desde la antigüedad. Son muy pocas las religiones que carecen de símbolos poderosos. La cruz de David en el judaísmo, la cruz en distintas formas en el cristianismo, la media luna en el islam, etc. Las banderas nacionales también tienen símbolos; la muestra de la India, por ejemplo, tiene en su centro la rueda de la justicia de *dharma*. En la magia y la alquimia los símbolos se empleaban para realizar invocaciones y conjuros. Los símbolos juegan un papel muy importante para el subconsciente, tal y como sabemos desde el desarrollo de la psicología de lo profundo por Carl Gustav Jung. Los símbolos son algo que encontramos casi por todas partes en nuestra vida cotidiana; desde las marcas de coches, como la estrella de tres puntas de Mercedes, pasando por logos en prendasde vestir, hasta las rayas de Adidas de las zapatillas. Sabemos que los símbolos dan señales evidentes, pero también pueden fortalecer y poner en marcha ciertas energías curativas. A continuación me gustaría abordar el trabajo curativo con tres símbolos de eficacia probada: la cruz, la lemniscata y el círculo. Los tres se cuentan entre los más antiguos de la historia de la humanidad.

Cruz

La conexión entre el cielo y la tierra, la extensión a lo largo del estrecho horizonte, el encuentro entre el espíritu y lo sutil. Hay una diferencia importante entre que los listones de la cruz midan lo mismo (cruz griega o isósceles) o que el vertical sea más largo que el horizontal (cruz de Cristo). La cruz de Cristo significa que nuestro cuerpo se manifiesta a través de materia durante nuestra vida aquí en la tierra, y que luego será llamado por una «chispa» divina. Una cruz isósceles significa que tanto el trasfondo kármico como el pasado se resuelven.

Lemniscata

Es el ocho yacente que en matemáticas representa el infinito. Aquí sentimos que se trata de vibración, armonía y flujo de energía.

Círculo

Plenitud, abundancia, infinitud. Con un punto en su centro es el símbolo astrológico del Sol. Nosotros utilizamos el círculo en el trabajo curativo como un círculo de luz.

Ahora presentaré algunas palabras clave para los ejercicios con estos símbolos curativos. También pueden ser practicados individualmente. Asimismo, si lo prefiere, existe la posibilidad de «dibujar» estos símbolos en el aire ante su ojo espiritual y usarlo para bendecir o proteger a otras personas o a usted mismo.

- *Para la resolución de bloqueos y fortalecimiento ante los miedos:* sitúa una cruz de Cristo luminosa en una imagen interior que te asuste.
- *Para situaciones de* shock, *disputas, y temas similares:* siempre que pienses en el tema y en tanto este no se haya resuelto, sitúa una

cruz isósceles en tu imagen espiritual interior; también se usa para *estabilizar la salud.*

- Una cruz isósceles dentro de un círculo supone una *protección sagrada y un símbolo de pureza*; por ejemplo, para proteger a un no nacido, para la protección de una habitación o también para la curación.
- *Para congestión, tensiones, dolor o casos de debilidad, también para quemaduras, picaduras y demás:* coloca siempre una lemniscata luminosa en la zona del cuerpo en cuestión.
- *Como símbolo protector contra el malestar:* utiliza el símbolo del círculo de luz para cubrirte con él o abarcar la situación, es decir, las personas u objetos. Por ejemplo, en *situaciones en público,* o como símbolo protector para el *niño, la casa o el coche.*

Uno puede dejar que sea el ángel de la guarda el que le dé el círculo de luz o permitir que este surja en las propias manos. El mundo espiritual sabe perfectamente si el círculo de luz debe girar en el sentido de las agujas del reloj (dando energía) o al contrario que estas (reduciendo energía). Para poder determinar la dirección, hay que imaginarse que uno mismo es el reloj. En el fondo, no importa en qué dirección gire el círculo, puesto que todo está al servicio del equilibro cósmico y de la estabilización energética.

Meditación de Cristo

Esta meditación sirve para la resolución de bloqueos interiores y para la armonización de los conflictos exteriores.

- Siéntate cómodamente.
- Respira tres veces hacia tu vientre.
- Siente la calidez y suavidad del chacra del corazón en el pecho.
- Pregunta en tu corazón: «¿Qué es lo que me inquieta?».
- Siente el chacra del corazón e identifica el tema.
- Respira hondo.

- Coloca la cruz de Cristo en el tema sin realizar ninguna valoración.
- Respira profundamente y sitúate tú mismo dentro de la cruz de Cristo.
- Respira y absorbe energía curativa y resolutiva.
- Finaliza el ejercicio regresando al aquí y al ahora.

Aquí se utiliza una cruz de brazos desiguales. Sin embargo, si surge una cruz isósceles por sí sola en su interior, ello constituye una señal divina de que su tema se ha resuelto kármicamente.

Meditación de la lemniscata para usted mismo

Esta meditación sirve para estabilizarnos internamente.

- Siéntate cómodamente.
- Respira tres veces hacia tu vientre.
- Di internamente: «Pido energía curativa».
- Deja que surja en tus manos la esfera luminosa.
- Di internamente: «Pido la energía curativa de la lemniscata».
- Deja que la esfera luminosa fluya hacia tu interior.
- Respira, siente, absorbe.
- Siente tres veces la autoestima en ti con las palabras: «Me quiero».
- Regresa de nuevo al aquí y el ahora.

Meditación de la lemniscata para otras personas

- Sentaos cómodamente.
- Respirad tres veces hacia vuestro vientre.
- Di internamente: «Pido energía curativa».
- Deja que surja en tus manos la esfera luminosa.
- Di internamente: «Pido la energía curativa de la lemniscata».

- Deja que tu energía interior te muestre una lemniscata luminosa.
- Envía una oración para la otra persona hacia la esfera luminosa:

> «Querida energía curativa de la lemniscata, actúa en esta persona tanto tiempo como necesite. Cuando ya no te necesite, regresa a mí con luz pura o elévate hacia la fuente de luz».

- Envía mentalmente la esfera luminosa a la otra persona.
- El beneficiario, ahora, debe respirar relajadamente, recibir la lemniscata y sentir su energía curativa.
- Para ambos, emisario y beneficiario: sentid tres veces la autoestima en vosotros con las palabras: «me quiero».
- Después, regresad de nuevo al aquí y el ahora.

Meditación en movimiento circular saludable

Esta meditación sirve para establecer orden energético y cósmico dentro de usted. Si siente alegría con ella, puede realizarla diariamente durante cinco minutos o más.

- Siéntate cómodamente.
- Cierra los ojos.
- Respira profundamente tres veces.
- Di interiormente en tu corazón: «Estoy preparado para el trabajo curativo del mundo espiritual de luz».
- Visualiza en tu mente a tu ángel de la guarda con un gran círculo luminoso.
- Respira, relájate y déjate caer. Deja que la energía dé vueltas sin que tú hagas nada.
- Permanece en una respiración profunda hasta que desees regresar al día a día.

Oraciones y bendiciones: Qué son y cómo actúan

Las oraciones y bendiciones se vienen empleando desde la antigüedad para ayudar y curar, para aliviar y fortalecer, para invocar y conjurar. En todas las religiones y culturas nos encontramos con oraciones y bendiciones. Serge Kahili King ha insistido una y otra vez en el poder de las bendiciones a través de su descripción del camino del Huna hawaiano para la curación y la toma de conciencia. En el antiguo cristianismo las llamadas «letanías», una especie de invocaciones sobre todo a Jesús y María, se utilizaban en la búsqueda contemplativa de los poderes casi mágicos para fortalecer el cuerpo, el espíritu y el alma. La oración del rosario, que muchos lectores conocerán, se emplea de una forma similar: para la invocación de los poderes sagrados y el fortalecimiento espiritual.

Desde *La llave maestra* de Charles F. Haanel, a principios del siglo XX, y el pensamiento positivo de los doctores Joseph Murphy y Norman Vincent Peale, así como tras el posterior éxito de *El secreto* de Rhonda Byrne y *Mensajes del universo* de Mike Dooley a principios del siglo XXI, sabemos que cuando pensamiento y palabra conectan con el corazón y con verdaderos sentimientos, las circunstancias del exterior de las que uno se siente, con frecuencia, víctima se ordenan. Entonces se consigue mayor armonía en el interior, el organismo puede equilibrarse psicosomáticamente y curarse allá donde sea necesario. Finalmente, gracias a la conexión de pensamiento y palabra con los sentimientos de nuestro corazón, alcanzamos un nivel de actos en los que podemos acercar nuestros ideales y propósitos, y hacer algo concreto para que se manifiesten.

Oraciones y bendiciones luminosas y saludables

Las oraciones y las bendiciones son una forma de curación que nosotros mismos podemos ejercitar. Para ello no se necesita ser un experto ni un reconocido terapeuta. Las amplias investigaciones del médico estadounidense Larry Dossey en las décadas de los años ochenta y noventa del siglo xx han demostrado, incluso en las pruebas realizadas a doble ciego, el poder curativo de las oraciones[4].

Las oraciones y las bendiciones traen consigo tranquilidad y armonía. Llegan hasta el corazón. Conducen, si uno las pronuncia con la actitud espiritual adecuada, a más responsabilidad e independencia. Y ello en el sentido de una conciencia plena, ya que por un lado nos volvemos activos y por otro tomamos conciencia de la estrecha relación con las energías cósmicas a las que invocamos. Con las oraciones pedimos ayuda y curación a los niveles superiores y con energías elevadas. Si bien estas están dentro de nosotros, en ocasiones no las tenemos tan fuertes y tan a nuestro alcance como necesitaríamos. Por eso pedimos que en determinadas circunstancias nos ayuden a sentir estas energías.

Yo le recomiendo que dirija sus oraciones a los ángeles y al mundo espiritual de luz. Con ello de ninguna manera está adorando a los ángeles ni sustituyendo a Dios ni a Jesucristo. A la mayoría de personas les resulta más fácil rezar a los ángeles y pedirles que intercedan, que dirigirse directamente al poder ilimitado y carente de forma de Dios. Los ángeles están más cerca de nuestra vida cotidiana con nuestros pensamientos y sensaciones terrenales limitados. Nos resulta mucho más sencillo (y también menos vinculante) establecer contacto con los ángeles y otros seres espirituales del mundo de luz. No en vano, existen también santos tanto en la iglesia cristiana ortodoxa como en la católica, es decir, personas completamente «normales» que vivieron en la tierra. En muchas iglesias se realiza la invocación a los santos junto a la invocación a María. En ambos casos se piensa en ellos como intermediarios del poder creador de Jesucristo.

Algunas veces también pedimos a otras personas que tienen acceso al «mundo espiritual de luz» que intercedan por nosotros. Para que no haya ningún malentendido: evidentemente, no es que Dios y el poder de Cristo estén más cerca o más lejos de nosotros que los ángeles, sino que son todopoderosos, omnipresentes y omniscientes. En el caso de los ángeles de la guarda sabemos, y muchos de nosotros también lo sentimos, que como seres luminosos tienen acceso directo a nosotros. Podemos sentir o ver su estado sutil. Ellos nos transmiten las energías divinas, filtradas y «transformadas» para nuestro nivel y nuestra capacidad de comprensión individual. Cuando llevamos a cabo una oración o una bendición de corazón, nosotros y la persona para la que pedimos ayuda y curación nos sentimos más eficaces.

Oraciones

Para que las oraciones sean plenamente eficaces lo primero que debemos hacer es tener claro aquello que pedimos. Exprese su petición de la manera más clara y sencilla posible. No se trata de emplear la fórmula litúrgica oficial, sino de que la oración salga del corazón.

Según mi experiencia, lo mejor es pronunciar la oración mentalmente, ya que nuestra sensación intuitiva es más intensa así que cuando la decimos en voz alta. De ahí se puede decir que, en determinadas circunstancias, surge una especie de «recitado automático». En casos graves debería decir mentalmente su oración tantas veces como surja el problema o piense usted en este tema, y con el mayor entusiasmo que pueda.

En caso de que las dificultades se prolonguen, le recomiendo que rece mentalmente la oración tres veces al día durante tres semanas por la mañana, por la tarde y por la noche. Al cabo de las tres semanas, solo dos veces: por la mañana y por la noche. Finalmente, durante otras tres semanas más, diga mentalmente la oración una vez al día por las mañanas.

Bendiciones

El término «bendición» (*Segen*, en alemán) procede de la palabra «bendecir» (*segnen*) que en antiguo alemán proviene, a su vez, del latín *signare*, «dar una señal». En la tradición cristiana la mayoría de las veces se refería a la señal de la cruz que, además de bendecir, también protegía. Yo el término «bendición» lo entiendo de una manera mucho más amplia y sin las implicaciones dogmáticas y religiosas.

Cuando bendecimos a una persona, a otro ser vivo, un plan, una situación o cualquier otra cosa, estamos preparados para servir de canal a los poderes divinos luminosos y a los buenos deseos que queremos hacer llegar a la otra persona o asunto. En cierto sentido, se podría decir que la bendición es un tipo especial de oración.

En la bendición nos sabemos conectados con el poder creador e invitamos, mejor dicho, pedimos a esa energía que transmita especial protección, fuerza o curación a la persona o asunto. Pero para ello también tenemos que desempeñar un papel tanto energética como personalmente. Nosotros no somos solo un canal. La propia luz de nuestro corazón, nuestra energía espiritual y nuestros buenos deseos actúan en igual medida. No debemos subestimar esto. *Curar con el poder de los ángeles* no consiste únicamente en «recibir ayuda o gracia de arriba», sino también en dar los pasos esenciales para ser responsables y darnos permiso. Usted es también un ser luminoso como los ángeles y una de las tareas que tenemos en esta vida es la de descubrir nuestra luminosidad natural y vivirla más y más.

Cuando yo expreso una bendición para una persona o un asunto, les rodea y acompaña un círculo de color rosa. Un ejemplo: bendigo por las mañanas a mi hija pequeña con las palabras «Pido bendición para ti y que mi amor te acompañe durante todo el día». Luego visualizo y siento el círculo de color rosa que la acompaña y rodea aun cuando yo no estoy presente. Mi bendición lo «crea». Pero como antes le he pedido al mundo espiritual de luz bendición para mi hija, surge un segundo círculo luminoso aún más grande, de un color blanco-platino, que procede del nivel del arcángel Uriel.

Es bueno que a lo largo del día pensemos en bendiciones para nosotros mismos, otras personas y situaciones. El trayecto al trabajo, la cocina, la comida, el paseo, el coche, la calle, etc. Prácticamente cualquier cosa se puede bendecir. De esta forma creamos un ambiente de armonía para nosotros y enviamos al mundo exterior impulsos de paz, de curación y de bendición.

Hay algunas ocasiones especiales que deberíamos bendecir, como son nacimientos, bautizos, exámenes, operaciones, títulos escolares, bodas, jubileos, cumpleaños, largos viajes, etc., pero también cuando nos mudamos a otra casa, comenzamos en un nuevo puesto de trabajo o, evidentemente, los funerales. También, aunque suene banal, debería bendecirse un coche nuevo.

Yo misma he acompañado y realizado dos bautizos. Uno fue el de mi hija, en el círculo familiar, sin iglesia ni párroco. Al poco tiempo una comunidad cristiana me pidió que bautizara a una señora de mediana edad, para lo cual realicé un ritual concreto de bautismo. En ambas ocasiones la energía espiritual luminosa actuó a través de mí y las bendijo. En este caso yo no era más que la intermediaria. En los dos casos se formó una gran cruz luminosa como símbolo del equilibrio entre cuerpo y espíritu, de arriba abajo y como conexión con lo divino a todos los niveles.

A pesar de que, según mi experiencia, la bendición mediante las energías luminosas elevadas puede ser muy eficaz, es fundamental (como se dijo anteriormente) que nos bendigamos a nosotros mismos y que «ejercitemos» la bendición. Es una de las tareas que tenemos encomendadas en esta vida terrenal para nuestro desarrollo: experimentar más luz y amor y dejar que fluyan a través de nosotros hacia la creación. ¡Se puede ejercitar!

En caso de que usted se sienta demasiado pequeño o impuro como para bendecir, puede deberse a un ego enmascarado que quiere evitar que usted se abra a los poderes espirituales y a su potencial divino. En este caso debería empezar, al menos, por alguno de los pasos más pequeños, por ejemplo, bendecir la comida juntando las manos sin decir ni hacer nada más.

Las bendiciones son realmente importantes. Como madre, no soy solo responsable de que haya comida, bebida, ropa y un techo sobre la cabeza de mi hija, sino también de que se forme, juegue y tenga mimos. También la bendición y la ayuda espiritual de mi hija forman parte de mis tareas como madre. Cuanto más y de forma más consciente nos bendigamos, más abiertos estaremos a los poderes divinos. Ahora, algunas sugerencias para las oraciones y, a continuación, algunas otras para las bendiciones.

Sugerencias para las oraciones

Las siguientes sugerencias para oraciones y bendiciones han surgido a lo largo de los últimos siete años en los que he trabajado formando, orientando y curando, y han funcionado muy bien[5].

No obstante, no piense que estas y solo estas son «válidas» y efectivas. Manténgase receptivo a los impulsos propios en cuanto a la manera de formar las oraciones. Los mismo pasa con las bendiciones. Tal vez empiece usando estas y después decida que quiere encontrar su propia manera de formularlas.

Algunas de las oraciones y bendiciones las he recibido de los ángeles, y otras se han desarrollado de forma intuitiva a partir de la experiencia. Naturalmente, puede usted cambiar las oraciones y las bendiciones si así lo considera. No obstante, y, así he podido comprobarlo, la forma en la que están expresadas resulta muy importante. Redactar una oración personal que usted mismo haya desarrollado será, la mayoría de las veces, más efectivo que tomar una de las que aquí se sugieren o cambiar su texto.

Oración del perdón

Perdonar es siempre algo bueno. A nuestros padres, nuestros hijos o nuestros hermanos y familiares. También a nuestra pareja y nuestros compañeros de trabajo; a la sociedad y a la tierra y, a veces, cuando sentimos un rencor hacia Dios o hacia los ángeles (porque pensamos que no nos han ayudado lo suficientemente rápido), debemos aprender a «perdonar» a Dios, y al poder creador. No es tan fácil perdonar a «Dios» por ejemplo, por ser como somos, o por cómo es la vida (la mayoría de las veces pasamos por alto que podemos contribuir a que sea mejor). Sin embargo, lo más difícil parece ser perdonarnos a nosotros mismos.

Para el día a día aconsejo la oración para el perdón, sobre todo, en dos casos: primero, cuando existe una disputa que le inquieta o agobia constantemente y desea acabar de una vez por todas con esta situación. En segundo lugar, cuando siente un rencor que viene de lejos, tal vez por alguna cuestión familiar, pero que actualmente no le da ningún motivo concreto para enfadarse a pesar de que pueda sentirse de algún modo deprimido en relación a este asunto.

Las oraciones para el perdón también son efectivas cuando uno no es capaz de poner nombre o rostro a la frase «Te perdono…». El poder del perdón fluye desde usted hasta allá donde se necesite. Sería bueno no acortar esta oración, ya que desarrolla su eficacia, sobre todo, cuando se recita mentalmente.

> *Te perdono por lo que has hecho consciente o inconscientemente.*
>
> *Te pido que me perdones por lo que he hecho consciente o inconscientemente.*
>
> *Le pido a todo el mundo que te perdone por lo que has hecho consciente o inconscientemente.*
>
> *Te pido que perdones a todo el mundo por lo que ha hecho consciente o inconscientemente.*
>
> *Le pido a todo el mundo que me perdone por lo que he hecho consciente o inconscientemente.*
>
> *Perdono a todo el mundo por lo que ha hecho consciente o inconscientemente.*
>
> *Le pido a Dios que te perdone por lo que has hecho consciente o inconscientemente.*
>
> *Le pido a Dios que me perdone por lo que he hecho consciente o inconscientemente.*
>
> *Y me perdono por lo que he hecho consciente o inconscientemente.*

Oración protectora general

Las personas sensibles que sienten que cerca de ellas se encuentra alguna forma de energía o entidad pueden y deben utilizar esta oración protectora. Sobre todo, si no saben o son incapaces de distinguir si se trata de un ser luminoso o de un espíritu oscuro que quiere engañarles u ocuparles, o bien el alma de una persona fallecida que desea ser salvada.

Si has venido con amor, puedes quedarte.
Si no has venido con amor, debes regresar allá de donde vengas o elevar la mirada hacia la luz y seguir a los ángeles.

Cuando un ángel ha venido con amor, puede quedarse con nosotros y protegernos. Sin embargo, si se manifiesta una entidad oscura que no ha venido con una intención amorosa, debe regresar allá de donde proceda. A estos seres, a menudo, no les es posible ir hacia la luz y por eso deben ser enviados de vuelta, pero no ha de entenderse que los «castigan» o «condenan»; eso sería lo contrario a bendecirlos. Si se trata de alguna persona fallecida que se presenta entonces, puede mirar a la luz y seguir a los ángeles.

¡Eleva la mirada hacia la luz y sigue a los ángeles!

Oración protectora contra personas vivas a la que conocemos

A veces, en nuestra vida cotidiana, nos encontramos en circunstancias en las que no somos capaces de entendernos con alguien hablando normalmente. Tal vez no sepamos lo que hay detrás de los actos o palabras de los amigos, familiares o compañeros de trabajo. Puede que suframos acoso en el trabajo o situaciones desagradables en nuestra vida social o por parte de nuestra pareja.

Seguro que esta oración protectora le ayuda. Tras formular esta oración tres veces al día, comprobará que ya no se encuentra más con la otra persona, que esta lo evita o que las reuniones con ella se suspenden sin necesidad de que usted las cancele.

Si vienes con amor puedes dirigirte a mí.
Si no vienes con amor, debes apartarte de mi camino.

Oración protectora contra personas vivas a las que no conocemos

Esta oración protectora ayuda las personas que están expuestas al público y que están muy relacionadas con gente a la que, la mayoría de las veces, no conocen. Por ejemplo, cuando usted tiene que dar una conferencia o realizar la presentación de un producto o de una empresa ante un grupo de personas, o implicarse en organizaciones, partidos u otras asociaciones que suelen convocar eventos públicos.

Si emplea esta oración regularmente, se volverá más atento, más cuidadoso y también más despierto. Percibirá con más claridad las energías positivas y negativas, las cualidades, las influencias y las motivaciones, y sentirá dónde le escuchan y dónde no está resultando convincente y es mejor que no esté. Gracias a su conciencia cada vez mayor, no entrará en contacto con personas que no le hacen ningún bien o, cuando menos, estos encuentros serán cada vez más escasos.

Todas las personas que vienen con una intención pura pueden encontrar el camino hasta mí.

Todas las personas que no vienen con una intención pura no deben traspasar este/mi umbral.

Oración protectora contra las energías oscuras

Estas oraciones tienen sentido cuando usted sabe o tiene buenas razones para presumir que sobre usted o sobre otra persona por la que se preocupa se están proyectando energías oscuras o «magia negra». No es necesario que sepa de qué clase de «magia» se trata exactamente. Esta oración ayuda a resguardarnos bajo la protección del amor absoluto, y todo lo que envíe otra persona rebotará, mejor dicho, le será enviado de vuelta automáticamente, como si se tratara de un espejo. Así, el propio emisor dejará de hacerlo. Yo di con esto gracias al doctor Joseph Murphy, quien desarrolló y divulgó el «pensamiento positivo». No se deje engañar por lo breve de la oración o la sencillez de las palabras, su eficacia es maravillosa. Recítela siempre que se acuerde de la persona en cuestión o de su malestar.

El amor de Dios llena mi alma, dejo atrás toda oscuridad, dejo que toda oscuridad se vaya.

Oración para la independencia

Cuando a partir de una amistad, relación de pareja o familiar (madre-hijo, padre-hijo, hermanos) o de algún otro tipo de relación personal directa (terapeuta-cliente, compañero de trabajo o socio) se produce una dependencia, siempre aconsejo esta oración. En situaciones de dependencia empiezan a surgir patrones, se adoptan roles o las personas se comportan como si estuvieran bajo coacción. En esos casos una persona actúa sobre otra como un «depredador energético» y absorbe su energía. No siempre tiene que ser necesariamente el «más fuerte» el que chupe la energía del «más débil» que, de algún modo, es dependiente. Cada vez observamos con más frecuencia cómo la persona supuestamente más débil resulta ser el depredador energético que, sin embargo, se esconde tras el papel de supuesta víctima. Cuando una madre tiene que llamar todos los días a sus hijos ya emancipados o cuando, por ejemplo, insiste todos los domingos a media tarde en ir a tomar café (para poder mostrar así el interés y el «amor» que tiene por sus hijos), si usted se siente completamente destrozado por tener que demostrar su «amor», en realidad, se encuentra en una situación bajo presión que no es admisible ni beneficiosa energéticamente para usted. En tales circunstancias es razonable emplear la oración para la independencia.

Recite esta oración antes y después de visitar o hablar por teléfono con la persona en cuestión o cuando sin motivo aparente piense en esa persona (porque «ponerse en contacto» mentalmente es también una forma posible de chupar la energía). Naturalmente, pronuncie la oración mentalmente cuando se encuentre directamente con esa persona. Se trata de que conserve fuerzas para su propia vida y dirija a la otra persona hacia el mundo espiritual de luz que es el verdadero encargado de ella. ¡Usted no es el responsable de esa persona!

He encontrado mi suerte dentro de mí.
Deseo que tú encuentres la tuya en ti, ya que en mí no está.
¡Toma la mano de tu ángel y síguele hacia la luz!

Oración para poner límites

Emplee esta oración cuando en una conversación se sienta usted cada vez más cansado y la otra persona más fuerte y despierta. Cuando esto sucede es una señal de que está perdiendo energía y el otro la está recibiendo o incluso la está absorbiendo de usted inconscientemente. Para «bloquear» esta «fuga de energía» involuntaria recite la oración mentalmente y vuelva a acceder a su corazón. La otra persona puede recoger una parte de la abundante energía que usted recibe del cosmos, pero no aquella que usted necesita para sí mismo. Esta oración también sirve para antes de comenzar el trabajo.

Toma tanta energía como necesites, pero déjame tanta como yo preciso.

Oración de acompañamiento

Esta oración resulta de ayuda cuando tenemos por delante un viaje, una charla, una mudanza, unas vacaciones, el comienzo de un proyecto o de otra cosa y no nos sentimos seguros al respecto. Debe decirla una vez, antes de que la circunstancia en cuestión dé comienzo. A los padres les recomiendo que se la enseñen a sus hijos. Puede convertirse en una hermosa y sana compañía muy efectiva a lo largo de toda su vida. Pronto fortalecerá su confianza elemental.

Querido ángel de la guarda, ve delante de mí y yo te seguiré.

Oración del arcángel Rafael para el tratamiento

Esta oración es aconsejable cuando usted ofrece trabajo curativo, energético o ayuda mediante la imposición de las manos. Siempre es importante aclararse y purificarse antes, durante y después del trabajo curativo. Esta oración del arcángel Rafael pueden (y deben) decirla mentalmente tanto el sanador como el cliente.

Creo en el amor, creo en la luz, el Espíritu Santo me rodea.

La siguiente frase va dirigida al cliente después de la oración; bien la dice él mismo o bien se la dice usted como sanador.

Querido ángel de la guarda, elimina los bloqueos que ya no necesito para mi desarrollo.
Querido ángel de la guarda de… elimina los bloqueos de… que ya no necesita para su desarrollo.

La siguiente frase la dice el sanador para no apartarse durante el tratamiento y que el flujo de energía no disminuya. El sanador, de este modo, mantiene su propia protección y atención.

La energía de Cristo que hay en mí conecta con la energía de Cristo que hay en ti y te cura.

Oración para el tratamiento energético a distancia

La siguiente oración está pensada para aquellas personas que practican el tratamiento energético a distancia.

Querido ángel, te pido energía curativa para…
La energía de Cristo que hay en mí conecta con la energía de Cristo que hay en ti y te cura.

Autotratamiento energético

Esta oración es para aquellas personas que se tratan a sí mismas o se autoimponen las manos.

Te pido energía curativa. La energía de Cristo que hay en mí es curación.

Oración resolutiva

Aquellos temas o problemas ante los que tenemos las manos atadas tenemos, queramos o no, que dejárselos al mundo espiritual de luz. Esto conduce a un desbloqueo y a que no sigamos empeorando la situación con miedos y preocupaciones de forma innecesaria. Esta oración refuerza la idea de que los ángeles son capaces de lograr aquello que no está en nuestras manos.

Queridos ángeles, ayudadme a abordar el tema y a llevarlo a cabo. Resolved por mí las cosas, ya que vosotros podéis hacerlo mejor que yo.

Oración de liberación para personas fallecidas o en su lecho de muerte

Esta sencilla oración resulta efectiva cuando está acompañando a alguien que está a punto de morir o cuando se entera de que alguien cercano a usted acaba de fallecer. Las almas de los difuntos también pueden presentarse en sueños o surgir en nuestros pensamientos, pero, al parecer, no por sí mismas, sino porque pensamos en ellas. Estas, no obstante, son señales de que usted puede ayudarlas a que encuentren su camino hacia la luz con una oración.

Eleva la mirada hacia la luz y sigue a los ángeles.

Oración para la aparición de un ser luminoso o un ángel

En principio esto puede sonar algo extraño: ¿Podemos hacer que surja un ser luminoso? Sí, con la ayuda del amor que alberga nuestro corazón podemos traer más luz a este mundo. Para ello, me gustaría contarles una historia de la que ya hablé en mi primer libro, pero que resulta sorprendente.

Una mujer de mediana edad acudió a mí. Se encontraba en una situación personal muy difícil. En su relación de pareja había serios conflictos y existía riesgo de separación. Su ángel de la guarda me dio para ella la siguiente oración: «Debes saber que te quiero». Esta oración iba dirigida a su marido.

Al principio la mujer reaccionó ante esto con indignación. Estaba molesta con la situación y no quería ni pensar en una frase como esa. Por lo menos estaba dispuesta a rezar lo siguiente: «Debes saber que acepto que existas».

Al cabo de algunas semanas regresó, se mostró agradecida y cada vez más tranquila, hasta que estuvo dispuesta a decir cualquier oración que le sugiriera su ángel de la guarda. Ella y su marido eran capaces de hablarse de nuevo porque volvían a respetarse, redescubrieron el amor que sentían el uno por el otro y pudieron salvar su matrimonio.

La siguiente oración de bendición actúa más intensamente si se le comunica a la persona a quien va dirigida. Tal vez, llegado el caso, pueda estar preparada para pensar en este ser luminoso y experimentar un fortalecimiento.

> *Le pido a la luz divina que adopte la forma del ángel que es importante para... (*Nombre de la persona de la que se trata). *Ve hasta esta persona y ayúdale hasta que ya no te necesite.*
>
> *Cuando ya no te necesite, vuelve a mí como energía pura o regresa a la fuente de luz.*

Lo ideal y más hermoso sería que nuestro ángel de la guarda nos aconsejara la oración. Y aún mejor si recibiéramos esta oración de bendición del ángel de la guarda de otra persona más abierta a la transmisión como, por ejemplo, a través de mí. Esto es posible. En mis cursos de formación para sanador energético realizamos ejercicios mediante los cuales, primero, desarrollamos una verdadera paz interior y luego ponemos en marcha nuestra intuición, y establecemos contacto con nuestro ángel de la guarda, el cual nos transmite mensajes, oraciones y bendiciones. En un seminario sobre el camino de instrucción y la observación de lo espiritual en el que apenas había treinta participantes que ya habían realizado anteriormente otros cursos fuimos capaces, al final de los cinco días que duró, de percibir a nuestro ángel de la guarda así como de ver nuestra propia aura y la de los demás (naturalmente, esto no significa que pase lo mismo en todos los cursos).

Sugerencias para las bendiciones

A continuación veremos algunas sugerencias a la hora de realizar bendiciones. Seguro que usted es lo suficientemente creativo y empático como para percibir y decir (mentalmente) las palabras de sus propias bendiciones

Bendición para nuestro propio camino de la vida

A mi juicio, hay tres cosas importantes para el desarrollo de las personas en el día a día.

1. La bendición diaria de nuestro camino de la vida.
2. El contacto diario con el ángel de la guarda y la recepción de una actitud espiritual para el día.
3. El contacto con el arcángel del día correspondiente (domingo, Miguel; lunes, Gabriel; martes, Samael; miércoles, Rafael; jueves, Zachariel; viernes, Anael; sábado, Uriel).

- Imagine el camino de su vida como un halo de luz que se dirige hacia el futuro. Mire, observe qué aspecto tiene este camino, es decir, este halo de luz, y qué le muestra. ¿Qué giros u obstáculos aparecen? ¿Qué oportunidades y posibilidades se dan?
- Ahora, pídale al mundo espiritual de luz que bendiga su camino.
- Luego, bendiga su propio camino y a sí mismo.

Se dará cuenta de cómo una bendición así, sumada a su propia bendición, hace mucho más fácil el camino hacia la luz a lo largo de la vida. Mediante esta bendición estará mejor preparado emocional, mental y espiritualmente en los niveles más elevados para los próximos pasos, y le resultará más sencillo superar los obstáculos y dificultades del camino. También reconocerá con más facilidad las nuevas oportunidades y podrá aprovecharlas mejor.

Con la ayuda de las bendiciones se trabaja de forma activa en la formación de nuestro futuro. Podrá deshacerse con más facilidad de costumbres perjudiciales y patrones que le limiten, y materializar su verdadera creatividad.

Querido mundo espiritual de luz, queridos ángeles,
os pido que bendigáis y limpiéis el camino de mi vida al
tiempo que yo mismo lo bendigo. Amén

Bendición para niños

Bañe a su hijo (o a los niños con los que tenga usted relación) con la energía del amor. De este modo el niño obtendrá una protección adicional a todos los niveles y su alma recibirá la energía luminosa del amor.

Queridos ángeles, os pido que bendigáis a… (Nombre de la persona).
Mi amor te acompaña.

Bendición para situaciones de necesidad

La siguiente bendición ayuda y sirve de alivio cuando las personas tienen una necesidad o cuando alguien sufre bajo circunstancias externas adversas o por una aflicción interna. Puede repetir mentalmente esta bendición cuando le venga a la mente la persona en cuestión.

Querido mundo espiritual de luz, queridos ángeles, os pido que bendigáis y deis energía curativa a… (Insertar mentalmente el nombre de la persona).

… (Nombre de la persona), *encuentra tu camino, eleva la mirada y déjate guiar por los ángeles.*

Eres amado.

Bendición de habitaciones

Las cosas, los objetos y todos los materiales son una forma de energía. La materia debería servirnos y facilitarnos nuestra vida. Por eso deberíamos valorarla como si fuera energía viva y no solo usarla y explotarla. Las cosas parecen funcionar mejor cuando las bendecimos. Compruébelo usted mismo. Mi coautor, por ejemplo, sabe muy bien de lo que hablo; él no solo le habla amablemente a sus plantas, sino también a su ordenador.

Protegerá mejor las habitaciones y vivirá y trabajará mejor en ellas si las bendice. Para ello, puede utilizar sus energías luminosas. Al bendecir las habitaciones (también los objetos), previene igualmente accidentes y se vuelve más atento y cuidadoso de forma natural.

Queridos ángeles, permaneced con nosotros y en nuestros actos.
Bendecid esta habitación y nuestras acciones. Amén.

Para su lugar de trabajo, el coche, la terraza, el jardín, etc., formule esta oración cambiando el objeto en cuestión.

- Las oraciones y bendiciones son herramientas para el trabajo curativo. Son una condición esencial para la curación con el poder de los ángeles.
- Las oraciones nos ayudan a curar y a tomar conciencia.
- Las bendiciones sirven para fijar una actitud equilibrada en la conciencia cotidiana.
- Ambas, oraciones y bendiciones, tienen efectos positivos tanto mental como emocionalmente. Ayudan a que apostemos por situaciones armoniosas en nuestra vida en las que podemos desarrollar claridad espiritual así como una salud plena.

13

Trasfondo psicológico de la enfermedad y la curación

Por qué pensamos y sentimos como lo hacemos, independientemente de si se corresponde o no con la realidad. La eficacia curativa de la armonía, las consecuencias del desequilibrio en la interacción de las energías femeninas y masculinas y los patrones que pueden surgir de ello. Ejercicio para equilibrar las energías masculinas y femeninas.

Con tanta frecuencia emergen todos los pensamientos posibles que nos sentimos raros. Tan a menudo nos vemos asaltados de forma compulsiva por pensamientos que apenas si podemos pensar con claridad. Estos pensamientos e ideas, con frecuencia, acaban por lastrar nuestro organismo, nuestra mente y nuestra alma. Estas cargas pueden contribuir a que aparezcan dolencias psicosomáticas cuyas causas reales no tenemos claras.

Pruebe a ver qué efecto tiene la siguiente frase en usted: «Estoy sano cuando soy un todo y no una mitad».

Detrás de muchas irritaciones, desarmonías y dolencias se oculta un desequilibrio incierto y sin resolver que llevamos cargando desde nuestra infancia. Se trata de una impresión que tiene que ver con las energías de ambos sexos y con las experiencias psicológicas y espirituales de la separación que están relacionadas con la sexualidad. Según mi experiencia, y por lo que he podido saber gracias a los ángeles, nuestro subconsciente se ve marcado cuando existe una sexualidad desequilibrada. Esta surge debido a una falta de igualdad entre el aspecto masculino y el femenino, porque nuestros padres no han estado unidos.

La falta de unidad, es decir, de coherencia e igualdad, la falta, por tanto, de una sexualidad fluida e igualitaria nos marca y conduce a una deriva o a un perjuicio de nuestra propia vida. Usted está sano cuando es un todo y no una mitad desequilibrada.

En este capítulo me gustaría abordar la relación de los patrones que nos lastran con un desequilibrio de las energías masculinas y femeninas. Seguramente sepa usted que todas las personas albergan en sí ambas energías (la parte masculina y la femenina). De manera que una madre puede marcar a su hijo a través de su dominancia de los aspectos masculinos y una «sobreprotección» con las energías femeninas e, igualmente, el padre puede marcar a su hijo si vive los aspectos masculinos de una forma desequilibrada o su lado femenino de forma demasiado débil (lo que, por ejemplo, puede manifestarse en un abatimiento habitual).

En nuestro trabajo curativo con los ángeles se habla de aspectos masculinos y femeninos «confusos», y no de positivos o negativos. A continuación, veremos una lista de posibles indicadores de energías desequilibradas y de sus posibles causas y consecuencias, así como sugerencias para su curación y para la recuperación de la plenitud.

Aspectos masculinos *confusos en una persona*

Posibles causas

- Cuando el padre
  - pega a la madre o a los hijos
  - tiene un temperamento colérico
  - ataca sexualmente a los hijos
  - ejerce un papel demasiado dominante
  - es muy depresivo

- Cuando la madre
  - emula los aspectos masculinos (domina) y/o golpea

Posibles trastornos físicos:

Enfermedades cardiacas, hipertensión, derrames cerebrales, desviación de la columna, lumbago, problemas de tiroides

Posibles trastornos psíquicos:

- En mujeres: incapacidad para tener una relación de pareja, relaciones cortas, cambios frecuentes de pareja; es decir, relaciones breves que reflejan un miedo oculto a los hombres.
- En hombres: dificultades para vivir su masculinidad, solo son capaces de imponerse con dificultad; irritación con su propio papel de hombre.

Aspectos femeninos *confusos en una persona*

Posibles causas

- Cuando la madre
  - transmite idas morales equivocadas
  - es fuertemente sobreprotectora o dominante; por ejemplo, le dice a su hija: «¡Eso no se hace!» y al hijo: «¡Los hombres son unos cerdos!» o «¡Las mujeres son malas!”

Posibles trastornos físicos:

Problemas en el cuello y en el abdomen, estreñimiento, dolores de cabeza, demencia, afecciones del sistema endocrino

Posibles trastornos psíquicos:

- En mujeres: dependencia en las relaciones; dificultad para tomar decisiones.

- En hombres: problemas para aceptarse a sí mismos; dificultad para tener relaciones enmascaradas como miedo a las mujeres.

En los divorcios surge, además del miedo a la separación, el miedo a la pérdida.

En medio del talón se encuentra un punto energético para la encarnación de un alma, así como para su salida. En este punto energético convergen el tema de «la confianza elemental en lo divino» y «la confianza elemental en lo humano».

Cuando desviamos la mirada al talón es un síntoma de que la persona no se ha destetado correctamente de la madre.

Posibilidades de curación

Algunos ejercicios, oraciones, bendiciones y tratamientos energéticos ayudan a reequilibrar estas confusiones y trastornos causados, al fin y al cabo, por energías sexuales. En la curación se trata siempre de vivir y manifestar las energías masculinas y femeninas de forma equilibrada. La persona que solo vive la energía masculina actuará de manera ruda y sin contemplaciones. Quien solo viva la energía femenina, probablemente, parecerá demasiado blando. Lo ideal sería sentir, vivir y usar ambas energías en una buena armonía. Cuando ambos aspectos, el femenino y el masculino, están unidos en una persona, entonces existe, en el mejor de los casos, una perfecta sintonía de la persona consigo misma y con el universo. La oración, la autobendición y el autotratamiento son algunos ejercicios que han demostrado ser útiles para encontrar un nuevo equilibrio. En mi primer libro describía un ejercicio llamado «Trabajar con el niño interior» que funcionaba muy bien. No me gustaría repetir aquí este ejercicio, así que presentaré uno distinto, completamente nuevo.

EJERCICIO PARA LA ARMONIZACIÓN DE LAS ENERGÍAS MASCULINAS Y FEMENINAS

- Siéntate cómodamente y cierra los ojos.
- Respira hondo tres veces y reza: «Querido mundo espiritual de luz, querido arcángel Gabriel, te pido curación para mi integridad en el conocimiento interior».
- Imagina en ti una columna luminosa con la luz blanca del arcángel Gabriel.
- Cada vez te encuentras más tranquilo en tu respiración y en tu cuerpo.
- Observa cómo se te muestra una pluma blanca y te vuelves cada vez más ligero.
- En tu corazón surge la necesidad del perdón.
- De modo que recita mentalmente la oración para el perdón:

Te perdono por lo que has hecho consciente o inconscientemente.

Te pido que me perdones por lo que he hecho consciente o inconscientemente.

Le pido a todo el mundo que te perdone por lo que has hecho consciente o inconscientemente.

Te pido que perdones a todo el mundo por lo que ha hecho consciente o inconscientemente.

Le pido a todo el mundo que me perdone por lo que he hecho consciente o inconscientemente.

Perdono a todo el mundo por lo que ha hecho consciente o inconscientemente.

Le pido a Dios que te perdone por lo que has hecho consciente o inconscientemente.

Le pido a Dios que me perdone por lo que he hecho consciente o inconscientemente.

Y me perdono por lo que he hecho consciente o inconscientemente.

- No pienses en recuerdos, sensaciones, sentimientos e imágenes que siguen apareciendo, deja que se vayan.
- Déjate llevar hacia una respiración profunda y liberadora y ábrete al agradecimiento.
- Observa una luz de color rosa que te rodea y te llena de amor infinito, y regresa feliz a la conciencia despierta.

- Una condición esencial para una curación duradera es que haya equilibrio entre las energías masculinas y femeninas.
- La armonía entre las energías opuestas no solo favorece la salud física y psíquica, sino también las relaciones personales, el éxito en el trabajo, así como la creatividad y la espiritualidad.

14

Problemas de salud desde la perspectiva de la medicina experimental

Ejemplos prácticos para identificar las causas espirituales y patrones detrás de las dolencias y enfermedades. Ejemplos de cómo se pueden activar los poderes autocurativos para producir la curación, mejor dicho, la resolución.

Circuito funcional, imagen clínica y su relación

Los llamados circuitos funcionales describen una relación entre el cuerpo y la psique. Algunos tienen una gran importancia en determinadas fases de la vida y acentúan ciertos temas a lo largo de esta una y otra vez. A continuación, veremos una lista con los principales temas y los problemas de salud más habituales a nivel físico y psíquico durante los primeros años de vida, así como los posibles métodos curativos.

Estas indicaciones están pensadas para nosotros, los adultos, que observamos las correspondientes dolencias en nosotros mismos. Aquí encontraremos referencias a las posibles causas y a lo que, incluso hoy, años después, podemos hacer para no solo no sufrir los síntomas, sino para resolver estas causas de modo retroactivo.

Nos ocupamos de este tema, que en principio nada tiene que ver con los ángeles, porque mediante la identificación de las causas de las dolencias nos volvemos más receptivos a los mensajes de aquellos.

Estos mensajes no suelen señalar casi nunca nada concreto sobre medicina o psicología, sino que la mayoría de las veces se ocupan de las energías mentales y emocionales, y su relación. De modo que hemos de realizar primero un poco de trabajo de reconocimiento para poder aplicarlos posteriormente a nuestras cargas e impresiones psicosomáticas.

1-3 años: necesidad

Imagen típica: el niño se esconde detrás de la madre.
Círculo funcional: riñones/vejiga.
Dolencias habituales: huesos, articulaciones, dientes, oídos, amígdalas, reúma (en niños enuresis nocturna).
Posible trasfondo psíquico: miedo, falta de confianza elemental.
Posibles causas: los adultos no se han preocupado de nosotros cuando éramos niños; tal vez nos quedábamos llorando durante toda la noche.
Posibilidades de curación: decídase por el amor, ya. Respire profunda y sosegadamente con regularidad.

3-6 años: edad desafiante

Imagen típica: pataleos, decir que no.
Círculo funcional: hígado/bilis.
Dolencias habituales: en personas coléricas, agresividad y enfermedades renales; en personas adaptadas, ira reprimida y cálculos biliares.
Posible trasfondo psíquico: ira.
Posibles causas: nos han reprimido a esa edad.
Posibilidades de curación: actividades deportivas, relación con la naturaleza, abrace a personas con las que está enfadado; perdónelas con todo su corazón. Respire.

6-9 años: entre necesidad vital y ruptura del vínculo

Imagen típica: titubeos entre inseguridad y compromiso.
Círculo funcional: pulmones/intestino grueso.
Dolencias habituales: piel, senos paranasales, pulmones, intestino grueso.
Posible trasfondo psíquico: melancolía.
Posibles causas: poco reconocimiento a esta edad.
Posibilidades de curación: cuestionar la melancolía. Un ejemplo: «¿De veras no me quiere mi pareja y por eso estoy melancólico, o tengo un patrón melancólico desde mi infancia y está esto tapando mi relación?».

9-12 años: adaptación

Imagen típica: el niño quiere agradar
Círculo funcional: estómago/páncreas/bazo.
Dolencias habituales: problemas de tensión, colesterol elevado.
Posible trasfondo psíquico: darle vueltas a todo; hemos sido empujados demasiado rápido de la fantasía infantil a la realidad racional.
Posibles causas: demasiada exigencia de pequeños.
Posibilidades de curación: trabajar con el niño interior.

El quinto círculo funcional corazón/intestino delgado/triple calentador tiene poco que ver con fases especiales de la vida y las impresiones que se producen a determinadas edades. Este círculo funcional puede recoger su energía de los demás círculos funcionales cuando se produce una debilidad.

Pasado el tiempo en el que los círculos funcionales se sitúan en el organismo, estos trabajan en una interacción dinámica que, en función de la situación, las circunstancias externas, el ambiente y demás, puede alterarse o, incluso en algunos casos, verse afectada.

Posibilidades de curación para todos los círculos funcionales

- Comprensión, empatía, reconocimiento, confianza elemental, conexión espiritual, autoestima.
- Bendición, mejor dicho, oración para usted mismo y la familia.

Cuadro clínico y posibles conexiones

Existe una relación, casi una especie de circuito cerrado, entre los distintos niveles de las personas, entre cuerpo, alma y espíritu. Cuando hay problemas en un nivel, cuando aparece una dolencia o un atasco de energía en un círculo funcional, también tiene efectos en los demás niveles y círculos funcionales. A continuación veremos algunas dolencias cuya denominación según la medicina ortodoxa tal vez, en un principio, pueda asustarnos. Menciono estos términos, no obstante, porque las personas que persiguen la curación espiritual pueden encontrarse con ciertos síntomas y cuadros sobre los que, al menos, deberían estar en parte informadas. El diagnóstico y la terapia en este campo pertenecen, en exclusiva, a los correspondientes terapeutas debidamente formados y serios, ¡lo doy por descontado! Cualquier idea simplista y «estereotipada», como es obvio, no resulta de ayuda. Las oraciones curativas de los ángeles citadas no sustituyen en modo alguno al diagnóstico facultativo ni a la terapia, pero, con frecuencia, resultan de mucha ayuda.

Lo primero que vamos a tratar en este capítulo no son medidas curativas concretas, sino que intentaremos comprender mejor las posibles causas y sus consecuencias.

Cargas psíquicas

Las personas a menudo nos encontramos con psicosis. Las causas residen, en la mayoría de los casos, en traumas de esta vida; a veces también están relacionadas con algo que, en función de los gustos, se puede denominar «predisposición» o impresión kármica, es decir, impresiones por temas relacionados con antepasados.

Cuando las psicosis vienen causadas por la familia, lo habitual es que predominen las conexiones kármicas o los temas de antepasados. Cuando las psicosis no están provocadas por la familia las causas suelen encontrarse en experiencias traumáticas. A ello va dirigida la siguiente oración curativa:

En mi corazón vive la energía del amor.
Ella desea guiarme y actuar en mí.

Como sanador, uno debe recordar que el comportamiento desequilibrado o «perturbado» de un cliente nada tiene que ver con uno mismo. Algunas señales de un comportamiento así pueden ser:

- La persona no es capaz de mirarle directamente a los ojos durante mucho tiempo.
- Sus ojos parecen como una pared en blanco.
- Se contradice constantemente (paradojas).
- Plantea continuamente exigencias y, si no se cumplen, reacciona de forma caprichosa e, incluso, con agresividad.

Recomendaciones para tratar con dichas situaciones:

- No discutir.
- Transmitir el mensaje celestial y aclarar que usted no puede hacer nada más por la persona.
- A lo mejor, aconsejarle un terapeuta cualificado.

Depresiones

Las depresiones auténticas y constantes (no abatimientos o preocupaciones pasajeras) marcan profundamente el camino hacia el desarrollo de una persona. La ayuda profesional por parte de terapeutas que trabajen de forma integral puede resultar muy útil para aclarar si se trata de depresiones «exógenas» o «endógenas». Las primeras tienen su origen en el exterior, mientras que las segundas están causadas por dolencias internas.

También se verá con más claridad si hay algún suceso pre o posnatal que pueda jugar un papel en las causas, si hay traumas que hayan provocado dolencias o si se trata de una «predisposición familiar», es decir, de temas kármicos ligados a los antepasados. En el caso de las depresiones «exógenas» se buscarán factores desencadenantes externos, influencias del entorno (químicas o de otras sustancias), así como sobrecarga de trabajo y estrés negativo.

Yo sé que en mi corazón brilla la luz.
Quiero iluminar con esta luz también el exterior.

Problemas de sueño

Factores habituales:

- Causas prenatales, traumas, sucesos psíquicos graves.
- Sobreexigencia, campos de interferencia.
- Hormonales: actúan más durante la menopausia.
- Ligados al hígado o la bilis: metabolismo, hiperacidez.

Ejercicio con los ángeles para los problemas de sueño

- Siéntate o túmbate cómodamente.
- Relájate cada vez más mientras respiras suavemente.
- Siente en tu pecho una risa cálida y reza en silencio:

«*Querido mundo espiritual de luz, queridos ángeles, acompañadme y protegedme a lo largo de mi existencia*».

- Siente cómo te envuelve una luz liberadora y caes en un silencio cada vez mayor.

- Observa cómo la cruz luminosa y el círculo luminoso te protegen.
- Deja que la confianza de Dios entre en ti.

Desequilibrios hormonales

- Durante la menopausia se debería tener cuidado con una excesiva exposición diaria a la luz solar y hay que procurar eliminar el estrés y relajarnos, por ejemplo, con ayuda de la meditación.
- Cuando las mujeres tienen un prolapso uterino, puede que esto oculte un autorrechazo.
- El síndrome premenstrual muestra tensiones internas inconscientes e inseguridades sin motivo específico.

Temas relacionados con el abdomen

- En el organismo femenino siempre se vinculan con cuestiones relativas al sentido de la vida y la autoaceptación.
- En el organismo masculino (por ejemplo, problemas de próstata), con cuestiones sobre la identidad y presiones cultivadas (por ejemplo, asearse demasiado temprano).

Esterilización

- *Mujeres:* Desde el punto de vista psicológico, esta intervención no debería realizarse antes de los cuarenta años (siempre que sea por elección propia), ya que puede provocar depresiones. Para el subconsciente de la mujer, a menudo resulta esencial «saber» que todavía puede tener hijos, ya que esto está relacionado con su capacidad activa para diseñar el futuro.

- *Hombres:* Cuando el hombre se deja esterilizar, su fuerza motriz, a menudo, se debilita. Pueden aparecer estados de ánimo depresivos, ya que la mirada inconsciente hacia el futuro se ve afectada.

Cesárea

No representa ningún trauma. Sin embargo, no debería hacerse innecesariamente, ya que a la madre y al hijo se les quita la posibilidad de comenzar juntos la nueva etapa de la vida, mejor dicho, el nuevo camino de la vida, y encarnarse con más fuerza en el mundo.

Por lo que respecta a las repercusiones de la cesárea, el niño puede sentir inconscientemente una falta de energía kármica, mientras que a la madre le puede resultar difícil separarse más tarde de su hijo y apreciarlo como una personalidad independiente.

Posibilidades de curación: Bendición

Problemas en el embarazo

Causas de enfermedades congénitas en el embrión o discapacidades:

- Camino hacia el desarrollo y plan del alma fuera del nivel espiritual
- Trauma kármico
- Factores hereditarios
- Mal uso de medicamentos

Causas de enajenación

- Factores hereditarios
- Debilidad física de la madre
- El embarazo no es ni para el niño ni para la madre un camino sensato. Algunas veces, una mujer debe pensar primero en sus tareas y

su desarrollo para el sentido de su vida antes de poder dejar energías y «espacio» para su hijo. No obstante, también hay casos en los que el alma que se va a encarnar «se lo piensa de nuevo» en un sentido elevado, es decir, se despeja el camino hacia otro punto temporal posterior con un mejor desarrollo

- Cargas debidas a aguas cruzadas u otros factores geománticos
- Sufrimiento en la pareja

Problemas en el metabolismo

También aquí me gustaría dar algunas claves sobre su posible trasfondo psicosomático.

Diabetes

A menudo está relacionada con un desequilibrio en el metabolismo, traumas, alergias a alimentos (leche, trigo, azúcar) y otras intolerancias alimentarias.

Trastornos intestinales

Como «alérgenos», es decir, como sustancias desencadenantes de alergias debido también a la enorme cantidad de venenos presentes en el aire, el agua y los alimentos, suelen actuar (aunque no siempre todo en la misma persona): el azúcar, las nueces, el trigo, la carne, la leche, etc. La amalgama y el alto contenido en metales pesados favorecen la aparición de enfermedades metabólicas en el intestino, la piel, los pulmones, los dientes y las mucosas.

Enfermedades cardiovasculares

Los problemas cardiovasculares que primero se desarrollan en esta vida suelen estar relacionados con dolencias en la columna vertebral o con trastornos intestinales.

En una insuficiencia cardiaca congénita suele existir una relación kármica que no puede explicarse fácilmente.

Pulmones

Las enfermedades de la piel y de los pulmones están muy relacionadas. Por ejemplo, una neurodermatitis reprimida con medicamentos puede conducir a asma. La predisposición kármica, la carga hereditaria o un mal uso de los medicamentos afectan igualmente a los pulmones.

A menudo veo cómo esta y otras enfermedades, incluso la epilepsia, son un indicio importante de grandes poderes de autocuración que pueden y, ciertamente, deberían activarse.

Oración curativa:

Querido mundo espiritual de luz, queridos ángeles:

Os pido energía para el perdón y para dejar marchar los recuerdos conscientes e inconscientes.

La luz sagrada está en mí.

Cáncer

En general: miedo, trauma, represión o sentirse reprimido, total autorrechazo; también factores externos como las cargas geománticas, la contaminación electromagnética o el uso constante del microondas constantemente para cocinar son algunos de los típicos inductores del cáncer.

Un requisito fundamental para la activación del poder autocurativo reside en conseguir la armonía con uno mismo y con el mundo.

Posibles relaciones que suelen aparecer en la práctica:

- *Tumor cerebral*: trauma
- *Cáncer de próstata*, de pecho o abdominal: autorrechazo
- *Cáncer de páncreas* (cáncer pancreático): represión de los sentimientos, aflicción
- *Cáncer de intestino*: concepción equivocada del mundo
- *Cáncer de hígado*: ira reprimida
- *Cáncer linfático*, renal, de vejiga y de huesos: miedo
- *Cáncer de piel*: dificultades para establecer límites, temas ligados al dejar ir, sentimiento de culpa
- *Leucemia*: cargas familiares heredadas
- *Cáncer de tiroides*: represión de la libertad interna y perdida de la confianza elemental

Para que no se me malinterprete, quiero indicar que el trabajo de los temas psicosomáticos y su curación en ningún caso sustituye el diagnóstico y el tratamiento de un especialista y facultativo.

Factores de estrés y desórdenes nerviosos

- Algunos síntomas de estrés son un elevado nivel de colesterol, el bruxismo (también por la noche; eso lo nota el dentista y lo escucha la pareja), o comerse las uñas.
- También la contaminación electromagnética es un gran factor de estrés y genera caos en nuestra salud, la mayoría de las veces sin que exista posibilidad de establecer un diagnóstico claro.
- *Esclerosis múltiple* (una forma de aislamiento nervioso): represión vital inconsciente debido a miedo, maltrato o contaminación por sustancias tóxicas.
- *Neuralgia del trigémino*: temática psíquica del dejar ir o cargas en la cabeza o en la zona dental.

- *Párkinson*: antiguas experiencias traumáticas, impotencia (a menudo con un trasfondo familiar), contaminación (ambiental).
- *Problemas de memoria*, demencia en las personas jóvenes: demasiada carga de estrés.
- *Demencia en las personas mayores*: algunas veces, anuncio del proceso de muerte.
- *Alzheimer*: mirar desde el exterior al interior; grito del subconsciente: «¡Mamá, cógeme, ayúdame!».
- *Burn-out*: demasiada carga de estrés negativa; ¡uno debe encontrar su propio camino! Se presenta como «la enfermedad del *manager*», tanto en madres sometidas o sobreexigencia como en amas de casa. Los temas son el reconocimiento y la confianza elemental que deben ser construidos lo primero.

Trastornos musculoesqueléticos

- *Enfermedad de Berchterew* (espondinitis anquilosante): tensiones psicosomáticas, autoagresión, autorreproche, mirada fija.
- *Escoliosis severa* (curvatura de la columna): fuerte energía personal dirigida hacia la sociedad.
- *Escoliosis leve*: uno debe adaptarse demasiado.
- *Enfermedad de Scheuermann*: inflamaciones a edad temprana, dificultades para encontrar la propia personalidad.
- *Enfermedad de Crohn*: algunos factores patógenos internos son, por ejemplo, traumas, maltrato o autoinseguridad, también falta de autoestima, dificultad para afrontar el hecho de hacerse adulto; además, pueden contemplarse como causas las intoxicaciones (ambientales) como la amalgama, los antibióticos y los virus.
- *Juanetes* (engrosamiento de los huesos de los pies) y pies planos: la cuestión es encontrar la propia espiritualidad, «¿cómo estoy en este mundo?».

Problemas de oído

- *Tinnitus* (acúfenos): miedo a la vida, miedo a ciertos temas; también relacionado con la columna vertebral; traumas en la infancia.
- Pérdida de audición: miedo existencial.

Problemas visuales

Las molestias oculares, generalmente, tienen que ver con el estrés.

- *Enfermedades visuales* (también orzuelos): no poder o no querer ver algo.
- *Cataratas* (cristalino del ojo opaco): trastornos metabólicos (o rigidez).
- *Glaucoma* (sobrepresión en el ojo): rechazo a la vida, idea de la vida equivocada, batallas innecesarias.
- *Vista cansada*: estrés, poca luz interior.
- *Miopía*: aislamiento en la infancia; también bagaje hereditario o karma. (En estos tiempos es frecuente que los ojos no se desarrollen correctamente durante la fase de crecimiento. Probablemente, el alto consumo de azúcar a lo largo de las últimas generaciones sea la causa de ello).
- *Hipermetropía*: deseos de fugarse durante la infancia porque no nos sentíamos bien en casa; también bagaje hereditario o karma.
- *Estrabismo*: karma o también dificultades para encontrar la propia identidad.
- *Visión doble*: búsqueda del sentido de la existencia con ayuda de la creatividad; la persona ha perdido de vista el camino de la vida.
- *Astigmatismo*: dificultades para seguir por nuestro propio camino; influencias kármicas.

Anorexia y bulimia

Esta enfermedad surge habitualmente en las personas jóvenes debido a un sentimiento de culpa, mejor dicho, a experiencias de maltrato (¡No tiene que tratarse necesariamente de maltrato físico!). Durante la pubertad los problemas para encontrar la identidad propia juegan un papel importante. En los adultos yace el deseo oculto de no querer hacerse mayor.

A diferencia de lo que ocurre con la anorexia, con la bulimia hay algo más de percepción propia y existe una buena posibilidad de llegar al fondo del asunto y cambiar la conducta desde el interior.

Enfermedades infantiles

- *Hiperactividad*: posibles causas psíquicas: falta de límites en la familia o falta de seguridad y tranquilidad de los padres.
- *Daños inmunitarios*: también pueden conducir a hiperactividad, además de timidez, estreñimiento y alergias; en algunos casos, desgraciadamente, también a minusvalías.
- *Candidiasis*: puede generar dolencias musculares y de articulaciones, mayor carga sobre las mucosas, trastorno de la memoria, hiperactividad.
- *Nematodos*: palidez, ojeras, hiperactividad, intolerancia alimentaria, estreñimiento, a menudo picor en los ojos y en la nariz.
- *Ictericia en los bebés*: al niño le resulta difícil encarnarse.

Curación de impresiones prenatales

Algunas impresiones previas al nacimiento conducen a problemas de sueño, incontinencia urinaria en la cama, hiperactividad, angustia y depresiones. Una manera eficaz y sencilla de ayudar a curar estas impresiones es el tratamiento energético de los pies. Se lo puede realizar uno mismo, o bien practicarlo sobre el niño, la pareja o el cliente. Podemos distinguir entre varias zonas del pie:

1. *El dedo gordo en ambos pies*: traumas de vidas anteriores.
2. *Lado del pie*: trastornos del embarazo (embarazos de riesgo cuando la madre se ha caído; intervención quirúrgica, adicciones).
3. *Centro del talón*: punto de nacimiento.

Tratamiento: acariciar y sentir con amor; enviar energía tan a menudo como consideremos.

Reproducción asistida

- *Bebé probeta*: cuerpo etéreo escaso, energía corporal débil.
- *Inseminación en el útero materno*: surge en el niño una energía mayor que en los «bebés probeta».

Los ángeles me han enseñado que en los bebés probeta puede ocurrir que no se encarnen por completo todas las energías espirituales. Sucede, entonces, que la capacidad de percepción sensorial se ve afectada. El libre albedrío del niño, al menos al comienzo de su vida, se ve «afectado» y debe ser desarrollado con mucho cuidado y atención.

Temas de nacimiento

- *Trauma de nacimiento* (parto difícil, embarazo de riesgo): intento de aborto, nacimiento con fórceps.
- *Separación de la madre*: intranquilidad, hiperactividad, pesadillas, otitis (en los adultos esto se hace visible más tarde con *tinnitus* y tendencia a la formación de tumores, miedos y la sensación de tener que estar siempre huyendo de algo).
- *Nacimiento con los pies por delante*: la persona quiere volver a marcharse; dificultad para tomar decisiones, angustia.

- *Nacimiento con el cordón umbilical alrededor del cuello*: tarea por parte de los padres de cambiar la visión del mundo; el niño trae consigo algo especial y desconocido.
- *Nacimiento con un cordón umbilical demasiado corto*: dependencia kármica, tarea kármica conjunta.
- *Caída en el nacimiento*: trasfondo kármico; estar a la fuga, tensión constante; tarea intensa para la conciencia interior.
- *Nacimiento de nalgas*: suelen necesitar ayuda para tomar decisiones.
- *Nacimiento prematuro*: espíritu de lucha; conflicto kármico con la vida.

Hongos y parásitos

- *Micosis* (candidiasis): falta de seguridad en la sexualidad.
- *La tuberculosis, la sífilis y la gonorrea sirven* para «informar» de *trastornos* de hasta ocho generaciones atrás. También se muestran en casos de angustia, trastornos óseos, de abdomen y cutáneos, dificultades de aprendizaje y dificultades para concebir.

Patrones de adicción

- *Adicción al alcohol*: en los adultos, traumas infantiles; en los jóvenes, columna vertebral débil.
- *Adicción a las drogas*: debilidad psíquica general, dificultad para asumir responsabilidades y asumir el paso a la edad adulta.

Trasplantes

En las transfusiones de sangre uno debe saber que la información del donante permanece. También en los trasplantes de órganos la información del donante sigue ahí; pero puede influirse sobre ella con oraciones resolutivas. Un ejemplo de oración resolutiva es:

> *Querido mundo espiritual de luz, queridos ángeles, liberad todo hacia el amor puro. Me abro a la luz y cedo a todas las energías del orden divino.*

Cicatrices

- *Tejido cicatrizante*: a menudo, refleja un trastorno de la salud. Algunos tratamientos posibles son, por ejemplo, varias inyecciones subcutáneas (de una a cuatro) con un médico o naturópata; tratamiento regular con pomada cicatrizante; irradiación con luz roja e imposición energética de las manos, así como iluminación meditativa.
- *Episiotomía*: suele provocar trastornos en el área de la cabeza, vértigos, dificultades de concentración, problemas de sueño.
- *Cesárea*, también otras cicatrices en el abdomen (operación de hernia o de apendicitis): conducen a tensión en el cuello con efectos secundarios en el sistema endocrino; posibles depresiones o *tinnitus.*
- *Cirugía cosmética*: hay meridianos en el cuerpo del paciente que se ven afectados por la operación; surge un desequilibrio (lo mismo sucede en el caso del *lifting*).
- *Amputación*: posibles trastornos en todo el cuerpo.
- *Cicatrices en la espalda*: trastornos en el aparato digestivo.
- *Cicatrices en la rodilla*: vejiga, riñones, aparato digestivo superior, codos.

Tatuajes

Los símbolos negativos provocan desde vibraciones negativas hasta ataques de pánico. En general, lo ideal sería dejar la piel libre para recibir la luz solar. Los *piercings* suponen un factor de riesgo debido al metal que puede provocar desde desequilibrios energéticos a hiperactividad, estrés o problemas de sueño (pueden producir corrientes galvánicas).

Dientes

Los dientes extraídos sin dolor pueden provocar enfermedades en el organismo (reúma, polimialgia, enfermedades del sistema inmunológico). Los puntos débiles del organismo también pueden actuar en sentido contrario y causar lesiones en los dientes o la mandíbula.

Sentimientos que nos debilitan

- *Ausencia de límites*: es una falta de seguridad interior generada por situaciones traumáticas previas al nacimiento o por traumas causados por el rechazo durante la infancia. Una solución para ello es la oración para establecer límites (véase página 120) en solidaridad con uno mismo y con los demás, así como el ejercicio del niño interior de mi primer libro.
- *Sentirse degradado*: es el sentimiento de la pérdida de energía causada por otra persona. Una posible solución es la oración para establecer límites y una oración protectora (véase página 117).

- Además de las causas puramente físicas, existen factores psíquicos que también actúan sobre nuestra salud y condición.
- Además del habitual diagnóstico y tratamiento, es muy razonable iluminar estas causas de fondo psicosomáticas e identificar las posibles conexiones en pos de una armonización completa y de una solución psicoespiritual.
- Para ello podemos ayudarnos de los poderes curativos de los ángeles que, no obstante, deben ser empleados y adaptados de forma individual y solo sirven como complemento al resto de tratamientos terapéuticos.

15

Energías adversas

Patrones inconscientes o influencias espirituales que pueden dificultar la curación. Cómo actúan estas energías y cómo diferenciarlas de las energías y los niveles celestiales luminosos. Ayuda para los difuntos y un método para protegerse de las energías adversas.

Se sabe que existe un principio de resonancia o «ley de resonancia» según el cual atraemos las cosas a través de nuestros pensamientos, sentimientos y actos. Esto significa que las personas también pueden atraer energías debilitantes y entes menos luminosos a través de sus miedos ocultos o evidentes. Estas energías actúan, por tanto, como si fueran cosas, situaciones o seres espirituales que vienen de fuera (aunque seamos nosotros los que los atraemos, mejor dicho, desencadenamos), y nos angustian. A estas energías yo las llamo «energías adversas».

Son muy pocos los casos en los que una persona está «maldita» por otra, es decir, cuando estas energías oscuras no han sido desencadenadas por uno mismo, pero los hay. Para estas situaciones resulta de ayuda la oración protectora (véase página 117).

Posibles experiencias con energías dudosas

Los entes menos luminosos están muy interesados en las personas con un gran potencial luminoso y, por tanto, en aquellos que son conscientes de su desarrollo espiritual. Por eso debemos aprender a tratar con estas energías opuestas e, incluso, destructivas. La «destrucción» no tiene por qué ser siempre negativa, tal y como nos muestra el ejemplo de la muerte de las hojas y plantas durante el otoño.

Si estas entidades menos luminosas pudieran «ganarse a alguna persona para sí», dañarían el desarrollo luminoso espiritual sobre la tierra y obtendrían para sí la luz etérea a modo de alimento espiritual.

Los principales consejos para no estar abierto a estas energías son:

- Fortalecer nuestro pensamiento en la bondad del cielo, de las personas y de la tierra.
- Si «piensa» en el poder del miedo, estará preparando el terreno para que la confusión, la destrucción y la desintegración proliferen.
- Si no piensa en el miedo, este disminuirá.

Muchas personas clarividentes que portan consigo mucha energía y potencial se encuentran al principio de su camino hacia el desarrollo con entes menos iluminados, lo que les permite aprender a pensar en la bondad y emplear sus energías con humildad. En mi primer libro describía mis experiencias al respecto. Solo a través del camino de la humildad y mediante el desarrollo de un pensamiento inquebrantable en lo bueno podrá avanzar positivamente con el poder de la bondad.

Existen una serie de motivos por los que las personas deben hacer frente a entes más o menos luminosos a lo largo de su camino espiritual. Citaré aquí los más importantes.

- La fuerza de sus capacidades
- La importancia de su tarea
- Experiencias kármicas
- Miedos existentes.

Otros clarividentes y sanadores que están preparados para su importante tarea, no obstante, tienen un camino iluminado porque han tenido menos experiencias traumáticas en su pasado kármico, o bien llevaron otro camino de aprendizaje.

Influencias psíquicas

Las influencias psíquicas de fuera interfieren en la voluntad. Cuando esto sucede (y no se trata de autosugestión o de un cambio en la propia actitud psíquica por una «elección» pasajera), está casi siempre relacionado con la tarea de fijar las siguientes ideas en uno mismo, ya sea por vez primera o no, o bien con la tarea de recordar la infancia y revivirla de nuevo:

- «Confía en la bondad de las personas».
- «Abre tu corazón a la compasión».
- «Fíjate en modelos luminosos».

Las siguientes frases pueden ser un «ascenso»:

- «Abraza el mundo».
- «¡Ámate a ti mismo!».

Se trata, por tanto, de descubrir la bondad de uno mismo, de los demás, de la vida y del mundo, o de implantarla, fortalecerla o seguir desarrollándola. Las frases anteriores pueden servir a modo de lema diario o semanal y repetirse varias veces a lo largo de la jornada al tiempo que abrimos el corazón para recibir la energía que contienen. Esto, aunque al principio pueda generarnos dudas y apenas algo de resonancia, le ayudará a construir una sólida y equilibrada base para su vida tanto en la conciencia cotidiana como en el subconsciente.

Tres «energías adversas» distintas

Desde una perspectiva espiritual, hay principalmente tres energías adversas que también cabe denominar energías negativas.

- *Asuras.* Son «ángeles oscuros». El término proviene del hinduismo.
- *Ahriman.* Es el antagonista de la divinidad creadora Ahura Mazda en la religión avéstica de la antigua Persia. Ambos son hermanos gemelos del «Dios-padre» Zurván, que significa «tiempo».
- *Lucifer.* La «estrella de la mañana» del Viejo Testamento; el «ángel caído» en el judaísmo, cristianismo e islamismo (donde se llama Iblis»).

Estas tres energías adversas pueden actuar sobre el individuo de distinta manera, pero según mi experiencia lo hacen, principalmente, así.

Asuras: Se siente como un *shock*, que conduce a la parálisis y la pérdida de consciencia (desmayo). Posibles consecuencias: posesión y enfermedades psíquicas.

Ahriman: Se le invita a través del propio pensamiento, sobre todo, con un materialismo exagerado y una falta de calidad espiritual en el deseo interior. Posibles consecuencias: vacío emocional, penurias, baja estima.

Lucifer: Puede aparecer cuando abrigamos sensaciones que están continuamente plagadas de valoraciones. Posibles consecuencias: necesidad, egocentrismo, carácter débil.

Reflexiones sobre el bien y el mal

Sé que la mayoría de las personas, desde el principio, han crecido y se han educado en términos de blanco y negro, bueno y malo, correcto o incorrecto. También en «Dios» y en el «diablo». El día a día parece confirmar esta delimitación: hay guerras, atacantes y víctimas inocentes, delincuentes, estafadores y demás. Algunas filosofías, básicamente, han establecido una lucha en el cosmos partiendo de estas experiencias cotidianas. Piensan que Dios y los poderes luminosos son atacados constantemente por el diablo y los poderes oscuros que aspiran a la supremacía y a una victoria final. Este planteamiento se corresponde con la mayoría de las acciones de las personas que dirigen la política, la sociedad y la religión. Así, cuando se declara una guerra contra «el eje del mal», la segunda guerra de Irak, o «el demonio occidental», tiene que producirse por mandato de Dios una «guerra santa» con terroristas y el asesinato de inocentes.

¿Qué tiene que ver esto con nuestro tema «curación y ángeles"? Mucho, porque, desgraciadamente, nosotros mismos (naturalmente, la mayoría de las veces de forma inconsciente) pensamos que somos víctimas dc ataques de los malos contra los que debemos luchar y vencer, si es necesario, con la ayuda de los ángeles «buenos».

Existen otras experiencias de las que se puede extraer otro punto de vista. En mis innumerables visitas al mundo espiritual he comprobado (y tenido que comprobar) que no existe una única lucha entre ángeles y «demonios». Los ataques, las agresiones, los engaños y las mentiras, la falta de honradez y demás solo se da entre las personas.

Lo que he visto me ha enseñado que solo existe una única energía creadora y divina. Esta es todopoderosa, omnipresente y omnisciente. «Los seres luminosos oscuros», «ángeles caídos» y similares son entes que no surgen de un poder propio, sino siempre por orden y «con permiso» de esta energía superior, y solo así pueden y deben actuar. Sin el permiso de Dios, Satán no habría tentado a Job. Sin el permiso de Dios, tampoco Jesús habría sido tentado en el desierto.

Resulta fundamental la diferencia entre que veamos al «diablo» como opuesto maligno y eterno adversario de Dios, bueno y puro, o que sepamos reconocer que tan solo se trata de un «alto cargo» que tiene poderes especiales y ciertas tareas que llevar a cabo que forman parte del plan global..., ni más ni menos.

Si adoptamos este último punto de vista, podremos tratar el tema de las «energías adversas» con más calma y, sobre todo, menos temor. Este asunto juega un papel muy importante en muchas personas a lo largo de su camino espiritual, puesto que con frecuencia oyen hablar de él. Si pensamos que no hay nada que «escape» a la gracia, supervisión y misericordia de Dios, podremos afrontar mejor y con más confianza situaciones y desafíos, y emplear mejor nuestras propias energías creadoras. Entonces, ¿entenderemos todo? No, seguro que no. ¿Comprenderemos «por qué Dios deja que haya tanta maldad?». No, desgraciadamente, tampoco. Pero estaremos cada vez más seguros de nuestra conexión con el poder de Cristo y la energía divina; ya no nos lanzaremos con tanta frecuencia ni con tanta fuerza a energías aparentemente externas.

Mi opinión se puede expresar brevemente: «Cuando yo pienso en lo bueno, desarrollo en cada situación un camino bueno. Cuando no pienso en la bondad de la creación, dejo que el miedo me domine y actúen en mí las energías destructivas».

Recomendaciones prácticas para la curación en el día a día

Valoración y clasificación de personas

Si se trata de una persona que no es digna de confianza, usted lo notará. No obstante, vea también la luz natural y divina de esta persona y no luche contra ella.

Yo, en estos casos, recomiendo decir interiormente: «Eres así, no pasa nada. Sigue tu camino».

Si se trata de una persona en la que se puede confiar, naturalmente, puede surgir una relación satisfactoria.

Influencias psíquicas del exterior

Estas influencias se manifiestan con la sensación de que lo que uno está viviendo no son sus propias ideas y sensaciones. La persona afectada se siente alterada negativamente y eso le provoca irritación, depresiones, falta de energía y hasta enfermedades indeterminadas. En tales casos la persona tratará de identificar los patrones y luego trabajar con oraciones.

Las energías valorativas y «condenatorias» en una persona pueden provocar que la irritación, la ira, la pérdida de esperanza, la malicia y similares se vuelvan visibles; la persona afectada no es capaz de mirar a los ojos. Puede realizar lo siguiente para contribuir a cierta armonía o curación:

- Permanece en el amor divino.
- ¡Abraza a tus enemigos y a ti mismo!
- Nunca trates de comprender la psique de una persona; acéptala tal y como es.
- Utiliza una oración adecuada o la energía de un tratamiento a distancia si es necesario.

Cuando somos valorativos o sentimos y pensamos en penurias, abrimos la puerta a las correspondientes energías. Entonces nos sentimos como contaminados y permanecemos fijos en una idea o sentimiento.

En esos casos encuentre la causa, mejor dicho, el patrón dentro de sí mismo o del cliente y modifique su actitud mediante los correspondientes ejercicios, por ejemplo, a través del ejercicio que se muestra al final de este capítulo.

No obstante, hay que recordar: ¡un espíritu no tiene poder alguno sin nuestra voluntad! Además, nada que no deseemos se nos acercará. Cuando haya posibles influencias psíquicas del exterior, la persona afectada debe aprender a percibir de forma consciente sus pensamientos, sentimientos y actos, por ejemplo, con ayuda de la meditación, la mirada hacia atrás al final del día y el encuentro con personas de su confianza. También debería evaluar su actitud, sus opiniones y sus patrones de pensamiento.

Sirven de ayuda:

- Oración protectora
- Pregúntese: «¿Qué me hace infeliz?»
- Ejercicio del doble, mejor dicho, tratamiento energético
- Aclaración/Entendimiento: el consejero, mejor dicho, el sanador debería aclarar con el cliente si se trata de un patrón propio que está actuando como una influencia psíquica del exterior o, ciertamente, de una entidad menos luminosa. En caso de que se trate de

una entidad que quiera generar confusión para apartar a la persona del camino luminoso, será necesario que esta persona aprenda a distinguir a los seres luminosos de los menos luminosos. En este sentido, una experiencia así puede ser una bendición, ya que, de esta manera, recorrerá con más seguridad su camino e identificará mejor aquello que conduce a la luz y aquello que no. Además, desarrollará, lo quiera o no, más humildad; humildad para pedir protección, guía y una profunda conexión con el mundo espiritual de luz. Se trata de una fase en la que, si la persona es sensitiva, aprende a diferenciar las cualidades espirituales.

Percepción de los niveles espirituales

Para el tema que nos ocupa en este libro existen tres grandes grupos en los que se pueden dividir los entes: ángeles, difuntos y «demonios».

La presencia de los ángeles se hace notar con una sensación agradable. La presencia de alguien difunto se percibe con un frío difícil de determinar. El contacto con los demonios despierta en nuestro interior una gran cautela.

Si no está seguro de qué tipo de energía se trata, no se exponga abiertamente al contacto, diga la oración protectora (véase página 117) y sienta si su confianza se ve reforzada o no.

El peligro ante una influencia energética surge, sobre todo, a través de los siguientes puntos:

- Trabajo espiritual deficiente: «El espíritu al que llamé no se marcha»
- Falsos gurús e ídolos; energías instintivas bajas
- Influencia inconsciente a través de un rechazo a la vida anterior
- Influencia inconsciente a través de difuntos, por ejemplo, de una guerra en la que uno se considera responsable de crímenes

También los medios de masas pueden llevar a una influencia energética o a impresiones, a saber:

- Videojuegos violentos
- Películas de terror
- Música *harcore* o *heavy-metal*

Hay impresiones energéticas con motivo de:

- Una sexualidad anormal, obsesiva o abusiva
- Símbolos de magia negra como supuestas joyas
- Símbolos tatuados

Ayuda para parientes

Aquí tiene algunas palabras clave sobre cómo actuar cuando algún miembro de su familia o amigo parece estar bajo una influencia energética:

- Abrazos
- Hablar con cariño: «¿Qué te ha ofendido?»
- Delimitación
- Acercamiento
- Ejercicios (por ejemplo, el que se usa para resolver los bloqueos, de la página 165)
- Bendición de la persona

Ayuda para los difuntos allegados

En general, sirven las palabras de la Biblia: «Enterrad a los muertos y seguid a los vivos». Es muy importante dirigir la mirada hacia el futuro y, al mismo tiempo, sentir: ¿Necesita esta persona fallecida ayuda para dejar atrás su vida pasada? ¿Durante cuánto tiempo necesita esta ayuda y al cabo de cuánto ya no?

Ayuda práctica

Encienda regularmente una vela para los difuntos, en casa, en un lugar con una energía especial o en una iglesia. Hágalo, en todo caso, siempre que note que está pensando en la persona; cuando esto sucede es algo así como una llamada de socorro. El fuego y la luz de la vela curan los recuerdos y muestran el camino hacia la luz del cielo.

Las oraciones para el perdón, las oraciones liberadoras para los difuntos y las personas que están a punto de fallecer, las oraciones protectoras contra los poderes oscuros o la oración protectora general son muy útiles. (Encontrará estas oraciones a partir de la página 115).

Resulta también de ayuda decir la oración para conseguir la independencia cuando sienta la presencia del fallecido o cuando este se muestre en sueños.

Tenga cuidado de no aprovecharse del recuerdo de una persona fallecida, por motivos sentimentales. Detrás de eso puede surgir la necesidad de reemplazar a «mamá» o a «papá». Esta necesidad nada tiene que ver con el difunto, sino únicamente con la necesidad que nos desorienta.

Cuando los familiares del difunto abrigan un fuerte sentido del deber respecto a él, hay que asegurarse de observar todo con una perspectiva luminosa y dejarlo ir.

Ayuda para difuntos desconocidos

Si tiene la sensación de no estar solo en la habitación, o si ve a algún ente que no es capaz de identificar, entonces, actúe de la siguiente manera:

- Pronuncie la oración protectora; se usa para poder distinguir la pureza de un ser espiritual y no dejar que las energías impuras lleguen hasta nosotros.

- Pronuncie la oración para el perdón; se dice para que su propia alma y la otra puedan curarse mediante este encuentro.
- Nos situamos en nuestra cruz de Cristo y a la otra persona en su cruz de Cristo; se hace para que los poderes de Cristo, que no están a nuestro alcance, vayan por delante en todos los procesos.

Ejercicio para resolver los bloqueos

Este ejercicio, al igual que el «ejercicio del doble»[6], está indicado para la resolución de bloqueos y para que, al ponerlo en práctica, las energías estancadas puedan fluir de nuevo.

- Siéntate cómodamente y respira hondo tres veces.
- Siente el amor y la calidez en tu corazón y pide interiormente: «Querido mundo espiritual de luz, queridos ángeles, os pido que me guieis y ayudéis con todas mis limitaciones».
- Respira hondo tres veces y visualiza ante ti un lienzo en blanco. Observa si en él fluye algún otro color agradable.
- Respira profundamente tres veces y siente en tu corazón la pregunta: «¿Qué significan estos colores?».
- Presta atención a si hay alguna idea o sensación o si alcanzas a comprender algo del encuentro que te haga sentir triste.
- Cuando seas consciente de este recuerdo, o incluso tan solo de esta sensación, pide con amor: «Coloco una cruz luminosa del equilibrio en mi tema y la suelto con amor».
- Respira profundamente tres veces y observa cómo tu imagen luminosa se vuelve más brillante.
- Siente la risa y el amor en tu pecho y vuelve en ti, agradecido.

- Lo que atraemos, ya sean energías oscuras o luminosas, depende únicamente de nosotros mismos, de nuestros pensamientos, nuestros sentimientos, nuestros patrones y de nuestra actitud ante la vida.
- La pureza del propósito y el pensamiento en la bondad constituyen siempre la mejor protección.
- Cuando se trata de ataques de energías adversas del mundo espiritual resulta de ayuda recordar que no existe ningún lugar ni tiempo en el que Dios no esté, y que Dios nos ama en todo momento y está listo para ayudarnos en cuanto le llamemos a él directamente o a sus ángeles.

16

Trabajo energético con las manos

Usos, límites y posibles peligros del trabajo curativo con las manos.
Cómo se trabaja con la «imposición energética de las manos».
Seguridad y ejercicios para recibir un mensaje celestial.

Imposición energética de las manos: Qué es y cómo funciona

La imposición energética de las manos es un trabajo curativo espiritual que se realiza con la ayuda de los seres luminosos, el flujo de energía y las oraciones. Mediante el trabajo energético con las manos se consigue la iluminación interior del cuerpo, la tranquilidad del espíritu y del alma, y se favorece el proceso curativo en todos los niveles.

Práctica de la imposición energética de las manos

Debe ser regular para aumentar y estabilizar la armonía que, con toda seguridad, es usted capaz de sentir desde el primer momento.

- Yo aconsejo (tanto para el autotratamiento como para los clientes) realizar cada dos semanas entre 5 y 10 tratamientos.
- En casos graves, por ejemplo, con enfermos en fase terminal, es necesario realizar la imposición diariamente.
- La duración de la imposición debería extenderse entre 30 minutos y una hora. Finalice con 10 minutos de descanso. Luego, ya se puede uno ir a casa.

Es posible que se produzcan «empeoramientos graves». Esto significa que los síntomas (al igual que sucede con otros métodos curativos naturales) aparecen con más intensidad durante un breve periodo de tiempo. Cuando este fenómeno se da en los dos o tres días posteriores al tratamiento, según mi experiencia, es una señal positiva. Si los síntomas del empeoramiento no cesan, significa que el cliente o usted siguen albergando miedo.

Duración de la imposición de las manos

- *Bebés:* La presencia y tranquilidad de la madre transmite energía terrenal. En el caso de los bebés basta con colocar la mano o las manos durante algunos segundos; lo ideal es hacerlo mientras está durmiendo.
- *Niños pequeños* hasta los 2 años: Colocar las manos durante algunos minutos; lo mejor es hacerlo también mientras la criatura está durmiendo.
- *Niños:* Tanto tiempo y tanta «cantidad de energía» como el niño permita. En el caso de niños hiperactivos está más indicado el tratamiento a distancia.
- *Jóvenes:* El tiempo y la cantidad de energía que el joven permita. Aquí, algunas veces vale aquello de «menos es más».
- *Embarazadas:* El tiempo y la cantidad de energía que la mujer permita. No debe tratar nunca de influir en una mujer embarazada.
- *Personas mayores* hasta los 70 años: El tiempo y la cantidad de energía que estas personas permitan.

Su actitud en la imposición de las manos

Importante: No lleve consigo ninguna intención. Le recomiendo que conecte con el poder de Cristo y, si realiza la imposición para otra persona, antes de empezar el tratamiento, diga interiormente la frase: «El poder de Cristo desea ayudarte. Mi amor te acompaña».

Imposición de las manos sobre la cabeza: Tenga cuidado de no dejar que ningún patrón de pensamiento del subconsciente «fluya» a través de sus manos. Coloque las manos sobre la cabeza solo cuando sienta claramente que le están «guiando» hasta allí. (No pasa nada por realizar la imposición de las manos sobre la cabeza tras una intervención quirúrgica).

Imposición de las manos sobre los chacras: Tenga cuidado de que no se «cuele» ninguna idea o intención manipuladora. Céntrese en la energía de Cristo.

Como cliente pasivo, solo debería dejarse realizar la imposición de las manos por parte de un sanador, alguien hacia el que sienta un claro «sí».

Posibles reacciones durante la imposición de las manos

Aquí se presentan algunas recomendaciones ante posibles reacciones que pueden (pero no tienen por qué) aparecer durante la imposición de las manos.

1. Sensación de frío = Generalmente, existen miedos o trastornos.
   Sensación de frío en el cliente = Sus miedos le abandonan.
   Sensación extraña de frío en el propio cuerpo (en el aura) = Un bloqueo kármico del cliente se está resolviendo a través de usted.
   Sensación de frío en los dedos de las manos o de los pies = Debilidad terrenal; haga una pausa.
2. Sensación de calor = Aumento de la energía; haga una pausa.
3. Sensación agradable de una mano invisible = Contacto a través de un ángel.
4. Hormigueo = Los canales de energía se abren en la persona que lo siente.

Quedarse dormido durante la imposición de las manos

El cliente se duerme

Cuando un cliente se queda dormido a lo largo de un tratamiento energético significa que ya ha recibido suficiente energía. Vaya finalizando lentamente el tratamiento y déjelo descansar.

En caso de que el cliente se quede dormido una y otra vez en distintos tratamientos puede ser que su subconsciente le desconecte para evitar que resuelva algún tema. Si así ocurriera, antes del tratamiento energético realice, por ejemplo, el «ejercicio del niño interior» mediante la pregunta «¿Qué me está lastrando?».

El terapeuta se duerme

- Cuando el terapeuta se debilita o desconecta durante el tratamiento energético debería hacer una pausa cuanto antes e investigar las causas. Puede ser que se deba a que ha perdido su empatía y se hayan cerrado los canales de energía.
- Puede que el cliente tuviera la mente demasiado ocupada y usted no estuviera anclado a la luz con la suficiente fuerza como para permanecer allí por sí mismo y sin protección.
- Quizá su propia salud esté ahora algo debilitada y sea mejor que no trabaje en este estado.
- En cualquiera de estos tres casos usted está entregando su energía y debe, por tanto, hacer una pausa inmediatamente. Diga una oración adecuada, diríjase hacia la luz, es decir, utilice un símbolo protector adecuado (por ejemplo, la cruz de Cristo). En cualquier caso, termine el tratamiento tan rápido como sea posible y ocúpese de usted mismo.

Lo ideal es realizar los tratamientos energéticos a lo largo del día, hasta las 19 h. Su estado energético está al máximo y puede actuar con el superávit de energía que normalmente se genera con el trabajo curativo. Naturalmente, tampoco pasa nada por hacer excepciones. No obstante, procure estar siempre bien despierto al realizar esta actividad y si existe un exceso o un aumento de energía trate de reducirlo, por ejemplo, dando un paseo o con algo de ocio.

Posibles reacciones tras la imposición de las manos

A menudo observo que las personas reaccionan con más intensidad a los medicamentos tras algunas sesiones de imposición de manos. Es recomendable entonces, tanto por responsabilidad propia como por sugerencia del médico o terapeuta, replantearse la dosis. En la mayoría de los casos basta con una algo menor.

También suele ocurrir que los clientes toleren cada vez peor la carne, el pescado, el alcohol, el tabaco (y las drogas si las consumían) o que, incluso, se pasen a una dieta parcial o completamente vegetariana.

Si usted, como sanador, determina que el cliente, tras algunas sesiones de imposición, está desarrollando bien un afecto personal o bien un rechazo personal, se trata de una señal de que esta persona no desea dar ningún paso hacia su responsabilidad propia y prefiere aferrarse a usted, ya sea de forma positiva o negativa. Yo, en ese caso, recomiendo abandonar la tarea de consejero, mejor dicho, de terapeuta.

Por el contrario, mostrar interés por el método de la imposición de las manos y un agradecimiento natural son reacciones positivas que también puede recibir.

Medidas de protección en la imposición de manos

Hay algunas cosas sencillas que debe tener en cuenta si desea realizar la imposición de las manos a otra persona. Mencionaré solo las palabras clave.

Evaluar (ajustar) la propia actitud interior:

- Estar firme y seguro
- Respirar profundamente
- Conectar con la conciencia de Cristo
- Lavarse las manos con agua fría tras el tratamiento
- Si persiste la necesidad de limpiarse, imagínese una luz violeta en la que se lava las manos

Cuidado; la energía propia puede escaparse a través de:

- Estrés interior y empatía
- Miedo, por ejemplo, a la ocupación
- Falta de cuidado de nuestro propio estado

Nunca debería realizar un tratamiento energético si tiene algún tipo de dolor de nervios, por ejemplo, dolor de muelas, migraña o dolor abdominal.

Símbolos

En casos graves o crónicos como quemaduras, lesiones, calambres, o bien como protección, puede mover la mano, es decir, las manos, en forma de lemniscata sobre el cuerpo (la piel).

Imposición energética de las manos: Parte delantera del cuerpo

1. El cliente debería tumbarse sobre la espalda lo más relajadamente posible y colocar las manos a los lados. Puede que prefiera cerrar los ojos y no hablar durante el tratamiento, sino respirar hacia su vientre. El terapeuta debe permanecer firme y de pie, en una postura cómoda e, igualmente, respirar en profundidad hacia su vientre.

2. Primero, frotar el aura del paciente despacio (es decir, mover las manos *sobre* el cuerpo). Dejar que fluya la luz y decir la oración. El terapeuta dice la oración en voz alta y deja que el cliente diga para sí: «*Creo en el amor, creo en la luz, el Espíritu Santo me rodea. Querido ángel de la guarda, aparta de mí los bloqueos que ya no son necesarios para mi desarrollo*».

   Frotarse las manos después de cada paso para permanecer atento y en uno mismo.
   Después de cada tratamiento, o cuando tengamos una sensación pegajosa en la manos, tal vez también en los brazos, enjuagar con agua fría para no dejar que aparezca ningún bloqueo.
   Si se experimenta un calor desagradable o una fuerte sensación de frío en las manos, por favor, detenga el tratamiento, respire profundamente, relájese y, solo entonces, continúe. El calor puede ser una señal de aumento de energía y conducir a una falta de conexión con la tierra, de la que se derivaría una protección deficiente.
   Cuando las manos del sanador están desagradablemente frías puede significar que este ha absorbido los miedos del cliente. Por favor, deténgase inmediatamente durante unos minutos, lávese las manos, vuelva a pedir energía curativa y continúe.

3. Respirar y colocar la mano derecha encima del diafragma del cliente. La otra mano actúa de forma automática sobre el aura que se encuentra sobre el cuerpo. Ahora, dejar que la energía fluya.
4. Colocar la mano en la región cardiaca (conexión de alma con alma) y decir interiormente con cariño: «El poder de Cristo que hay en mí conecta con el poder de Cristo que hay en ti y te cura». «Mi amor te acompaña».
5. Colocar ambas manos encima del abdomen y dejar que fluya la energía.
6. Colocar las manos sobre la rodilla del cliente y dejar que la energía curativa fluya a través de los meridianos por todo el cuerpo para tratar así aquellas partes que albergan miedo.

7. Colocar las manos sobre las plantas de los pies y dejar que el flujo de energía trabaje
8. Sentir hacia dónde quiere dirigir las manos la energía curativa y proseguir con el tratamiento.

   Finalice al tiempo que frota el aura del cliente (es decir, mueva las manos por encima de su cuerpo). Luego, pasamos a la parte posterior.

Imposición energética de las manos: Parte posterior del cuerpo

1. El cliente se tumba sobre el vientre para que le traten también la espalda. En el trabajo sobre la espalda se debe prestar especial atención al calor energético.
2. Colocar las palmas de las manos sobre la zona del cuello y el área pélvica y calentar primero haciendo fluir la energía.
3. Colocar los cantos de las manos suavemente sobre la espalda del cliente y bajar gradualmente con movimientos rápidos desde el cuello hasta los pies tres veces como serpenteando.
4. Colocar las manos sobre aquellos puntos donde usted perciba que la columna vertebral lo necesita más.
5. Trasladar la energía mediante pequeños «golpecitos» a través de las capas profundas del cuerpo. La otra mano actúa automáticamente sobre el aura. Por favor, realice esto tres veces.
6. Conducir la energía mediante un «masaje» con las dos manos desde la musculatura del cuello hasta los pies por todo el cuerpo del cliente. Por favor, realice el ejercicio tres veces.
7. Con tres dedos de la mano (índice, corazón y anular), dejar que la energía vibre a lo largo de la columna vertebral para alcanzar todas las capas nerviosas del cuerpo.
8. Colocar una mano sobre la columna vertebral a la altura de la pelvis y la otra en la zona de cuello, ambas con las palmas hacia arriba, y dejar que la energía fluya para que el cuerpo se equilibre.

9. Frotar lentamente el aura del cliente de arriba abajo y dejar al mismo tiempo que fluya la luz.
10. Dejar que el cliente se envuelva en la luz de abajo arriba permitiendo que la energía de su aura fluya y la entregue al cielo.

Transmitir mensajes celestiales: Si le parece conveniente, lleve a cabo también los siguientes pasos:

11. Para finalizar, coloque una mano sobre el hombro del cliente, sienta por él el mensaje de su ángel de la guarda y compártalo con él.
12. Ahora, retírese, respire profundamente tres veces con agradecimiento y vaya a lavarse las manos mientras deja descansar al cliente.

- Las manos son una eficaz «herramienta» para la transmisión de energía.
- La imposición de las manos con una actitud adecuada puede suponer una gran ayuda «espontánea» para sí mismo u otras personas.
- La imposición de las manos también favorece el desarrollo de la propia sutileza; por eso debería usarse solo como «canal» y no para implantar las «propias» energías.
- Los dos ejercicios para la imposición de las manos al final del capítulo, tanto para la parte delantera como para la parte posterior del cuerpo, pueden ser realizados por «principiantes», así como por «avanzados». Hay que prestar atención a nuestro propio equilibrio y actitud.

17

Otros consejos prácticos

Otras recomendaciones sobre distintos temas.

Posibilidades para la purificación

Aquí tan solo mencionaré algunos métodos importantes que sirven para la purificación a distintos niveles.

1. Oraciones:
   - Oración protectora general
   - Oración para establecer límites
   - Oración protectora contra los poderes oscuros
2. Enviar luz violeta a la habitación y a uno mismo, mejor dicho, situarse en una luz violeta.
3. Duchas; el agua elimina las influencias negativas y las impresiones (no bañarse, ya que el agua se acumula y entonces no es posible la limpieza sutil).
4. Lavarse las manos.
5. Tratarse a uno mismo energéticamente con regularidad (al menos, una vez por semana).
6. Frotar el campo energético (véase el siguiente ejercicio).

EJERCICIO PARA LA PURIFICACIÓN: FROTAR EL CAMPO ENERGÉTICO

- Colocarse detrás de la persona.
- Ir al amor con las siguientes palabras en mente:
  «El poder de Cristo cura en mi interior».

- Sentir la luz en las manos y observar una luz violeta o rosada.
- Frotar tres veces la espalda de la otra persona de arriba abajo rápidamente. Después de cada vez, frotarse las manos (no hacerlo nunca despacio, ya que entonces se podrían absorber energías negativas).
- Después, dejar que la luz violeta o rosada fluya lentamente en el aura de arriba abajo.
- Colocar las manos sobre la espalda apuntando hacia el cielo para que actúen de forma equilibrada; visualizar la cruz de Cristo isósceles (griega).
- Imaginar un círculo protector luminoso alrededor de la otra persona.
- Concluida la parte activa, lavarse las manos con agua fresca o fría.

Situaciones de emergencia

Estas recomendaciones están dirigidas a terapeutas de la curación que trabajan con otras personas para el caso de que el cliente pierda la conexión con la tierra durante el tratamiento.

Atención:

No aconsejar ni tratar nunca a un cliente si este no es capaz de mirarle directamente a los ojos o se muestra excesivamente intranquilo, es decir, cuando no quiere en absoluto recibir el mensaje celestial que se transmite a través de usted. Puede que se trate de algún tipo de irritación psíquica, en cuyo caso lo pertinente es que lo vea un psiquiatra o un psicólogo debidamente cualificado. En este caso transmítale sin más el mensaje celestial y despídase de la persona.

En caso de que suceda algo como la pérdida de contacto con la tierra, el abandono del cuerpo o la pérdida de control, proceda de la siguiente forma:

- Que la persona lleve a cabo actividades físicas, por ejemplo, que flexione las rodillas o mueva los brazos hacia adelante y atrás.
- Presione el «punto del intestino grueso» en el pliegue del pulgar (donde duele un poco).
- Presione el punto de emergencia en la punta de la nariz, entre el labio superior y la nariz, más cerca de esta (también duele un poco).

La crisis de los siete años: Momentos difíciles en el desarrollo

Cuando somos conscientes de que determinadas fases de la vida están relacionadas con ciertos temas especiales, estamos también más atentos a la hora de identificar las posibles causas de un desequilibrio, de una carga psicosomática o de un trastorno. También nos es más sencillo identificar métodos y caminos curativos prometedores.

A continuación, voy a hacer un breve repaso de los distintos periodos de la vida y su temática correspondiente, en base a las crisis de los siete años.

1 - 7: Fortalecimiento y estabilización del alma, el espíritu y el cuerpo
7 - 14: Despertar del espíritu en el sentido del intelecto
14 - 21: Despertar de la propia personalidad y establecimiento de límites
21 - 28: Comprensión del mundo a través de la conciencia del «yo-soy»
28 - 35: Construcción de la vida según el propio plan vital y el sentido de la vida
35 - 42: Estabilización de la propia personalidad
42 - 49: Encuentro del camino y las posibilidades hacia la autorrealización espiritual
49 - 56: Desarrollo de la sabiduría y serenidad interiores

56 - 63: Posicionamiento ante la vida con autoaceptación
63 – 70: Transmisión de humildad y experiencia vital
70 – 77: Retrospectiva de la vida, aceptación de lo no resuelto
77 – 84: Visión angelical de la vida, escritura de las biografías más hermosas
84 – 91: Disfrute de la vida desde la paz interior
91 – 98: Iluminación al caminar hacia la luz

La energía del nombre

El nombre es de gran importancia para nuestra alma, ya que en él hay almacenadas energías que nos fortalecen.

Si usted tiene más de un nombre de pila, entonces posee la bendición o la energía de más cualidades.

Las personas a las que no les gusta su nombre y lo rechazan, a menudo (muchas veces de forma inconsciente) también sienten rechazo hacia sí mismas.

Las personas que se cambian el nombre, es decir, que adoptan otro nombre o lo toman de otras culturas, por ejemplo, suelen tener dificultades para identificarse con su propia personalidad.

Lo ideal sería que los niños adoptados que reciben un nuevo nombre por parte de sus padres adoptivos amasen ambos nombres, puesto que así pueden emplear cualidades kármicas que están bien enraizadas y que podrían seguir floreciendo con nuevos rasgos.

Qué nombre y de qué época deberían tomar estos niños adoptivos es algo que hay que dejar que decidan en cada situación según sus sensaciones.

No obstante, en caso de que haya otro nombre que irradie hacia su verdadero nombre, de tal modo que, a menudo, los demás le llaman de forma automática con el «falso» nombre, estará llevando consigo los rasgos y la fortaleza de este último, que bien puede proceder de esta o de una vida anterior. No hace falta realizar ningún tipo de cambio.

Colores celestiales

Ver colores o, mejor dicho, sentirlos, es con frecuencia la primera señal de clarividencia. Su ángel de la guarda puede tener distintos colores. La mayoría de las veces depende del mensaje que nos traiga. ¡Siempre que no le parezcan hermosos, tenga cuidado con ello y no los tome como auténticos mensajes celestiales!

En este punto me gustaría resumir brevemente los posibles significados de los colores luminosos que suelen verse en los contactos con los ángeles, en las visiones o en los sueños. Esto no debe entenderse de una manera restrictiva, sino tan solo servir de ayuda para que usted pueda conocerlos mejor. Al final, debe confiar en aquello que sienta con certeza en su interior.

Luz de color albaricoque = seguridad
Amarillo = nuevo comienzo
Luz blanca = recibe todas las energías; sinceridad
Colores del arcoíris = plenitud del cosmos en la persona. El arcoíris contiene todas las energías y significa «¡todo es posible!”
Azul = sinceridad
Azul rey = te conoces a ti mismo
Azul claro = el poder de la tranquilidad
Azul oscuro = la energía curativa actúa en lo terrenal; resolución de bloqueos; energía curativa femenina
Dorado = es frecuente en el trabajo con ángeles; representa la pureza y la santidad de la energía divina
Gris = esta es tu propia sombra; te tapa la visión del mundo espiritual. Cuando ves este color significa que debes trabajar en ti mismo, es decir, debes identificar los bloqueos o emociones que te entorpecen y dejarlos ir. A un ángel, normalmente, no se le ve gris, salvo que se trate de un ángel del karma
Magenta o colores suaves intermedios = accedo al mundo espiritual
Marrón = firmeza

Naranja = alegría de la vida y paz
Negro = energía
    Negro cálido, agradable = despertar de uno mismo
    Negro frío = odio
Plata = energía de la bendición
Rojo = fuerza, energía
    Rojo cálido = energía y valor
    Rojo intenso = se ve en las personas que mienten; miedo o deshonestidad
Rosa = energía del amor y de la belleza
Rosa oscuro= amor universal
Turquesa = flujo interior, desarrollo, movimiento
Verde = curación
Verde oliva = desarrollo de la capacidad curativa
Violeta claro = conexión con lo divino
Violeta oscuro = conexión a la tierra, transformación
Otros colores a la vez = necesitas las energías respectivas que se despiertan en ti al mismo tiempo
Colores oscuros agradables = resolución de bloqueos
Colores sucios = necesitas claridad dentro de ti, estás siguiendo un falso rastro emocional

Números celestiales

Existen números cósmicos que pueden definirse como números celestiales. Se basan en conexiones y leyes cósmicas. Surgen siempre que realizamos una consulta, en sueños o en los mensajes celestiales. Me gustaría ofrecer unas breves indicaciones al respecto.

1 = unidad, decisión correcta
2 = el camino hacia tu interior, al igual que el camino hacia el exterior

3 = perfección (también la trinidad)
4 = nuestra tarea
5 = descanso (hacer)
6 = amor (has dado un gran paso)
7 = nuevos planes
8 = no te pierdas; regresa a la corriente
9 = planes de futuro
666 = almacena mucha energía vital. Cuando alguien tiene miedo puede actuar negativamente. La energía y el poder curativo de los animales
999 = ¡No significa nada!
Viernes 13 = en realidad, no entraña ningún significado

- Existe una serie de aspectos y «métodos de ayuda» para comprender mejor los mensajes celestiales y poder activar mejor las energías para la curación.
- No obstante, estos son secundarios, no prioritarios. Primero, debería trabajar los métodos principales (meditación del ángel de la guarda, el contacto con los ángeles y la apertura hacia los mensajes celestiales) y adquirir la suficiente firmeza.

18

Cosmogetic: transmitir uno mismo los mensajes celestiales y realizar el trabajo curativo espiritual

Aproximación a la formación en cosmogetic con preguntas para futuros sanadores sobre cómo construir una base luminosa para el trabajo curativo energético. Ejercicios para reconocer una correcta «conexión» del sanador con la energía curativa de la luz.

En este último capítulo del libro *Curar con el poder de los ángeles* me gustaría ofrecerles mi punto de vista sobre el trabajo curativo espiritual y una formación responsable y fundamentada. Se trata, principalmente, de sugerencias para desarrollar una atención y conciencia más elevadas en la consulta y realización de procesos curativos espirituales. A través de los programas de formación me gusta ayudar a las personas a recibir sus propios mensajes celestiales o, en el caso de que sean sanadores, a transmitirlos a sus clientes.

Introducción

Procure (usted o el cliente):

- Formular las preguntas de forma clara, ya que, si no, las respuestas y recomendaciones no se entenderán debido al predominante caos mental.
- Limitarse a pocas preguntas, ya que, si no, nos resultará difícil comprender el núcleo de nuestra tarea en este periodo de nuestra vida y el mensaje del ángel para ella.

- Enfrentarse a sí mismo y expresar su deseo con claridad. Cuando trate con el cliente preste atención a comentarios como: «Debe usted ver lo que yo quiero preguntar».

En caso de que un cliente no sea capaz de mirarle a los ojos, se muestre muy intranquilo, se contradiga y no desee para nada recibir el mensaje celestial puede ser que se deba a que existe algún tipo de problema psíquico oculto en el que no debería adentrarse.

Aspectos para el trato con el cliente

- Diga mentalmente una oración protectora destinada a personas vivas que usted conozca para las que la formación tenga un papel importante.
- Al comenzar su jornada de trabajo, diga una oración para personas vivas a las que no conozca.
- Conserve siempre la claridad y la orientación cuando hable.
- Aclare a los clientes los posibles malentendidos que puedan tener.
- Confíe siempre en los mensajes celestiales y recuerde que esta es su tarea principal. Puede darle tan solo un impulso al cliente y dejar que este piense, sienta y actúe con libertad.
- Cuando sienta que un encuentro es negativo, mantenga interiormente la distancia con el cliente, acuérdese de su respiración abdominal y diga y sienta: «Creo en el amor, creo en la luz, el Espíritu Santo me rodea». Así tendrá la claridad y energía necesarias para conducir a esta persona hacia la luz.

Preguntas básicas para el sanador

Si desea visitar a un sanador, puede utilizar las siguientes preguntas como una forma de evaluar su calidad.

En el caso de que usted actúe como sanador, debería ser capaz de contestar a estas preguntas de forma clara y veraz.

¿Qué es curar? = Dar un impulso.

¿Qué es la clarividencia? = La percepción de energías sutiles.

¿Qué es un ángel? = Un ayudante celestial que está a nuestro lado.

¿Qué es la energía? = Fuerza vital

¿Cuál es la tarea de un sanador? = Dar a las personas el impulso para que se desarrollen.

¿Qué es la confianza? = La certeza de que el cosmos te ayuda intuitivamente.

¿Qué es el libre albedrío? = Vivir la propia autenticidad, la verdad interior.

¿Qué es amarse a uno mismo? = Bastarse con uno mismo sin exigencias del exterior.

¿Qué es la humildad? = Aceptar lo que hay desde la perspectiva del libre albedrío; respeto a la vida; el amor anclado en lo divino; agradecimiento por la existencia.

¿Qué es el ego? = El efecto de la fuerza del Yo

- Ego positivo = Asumir la responsabilidad de uno mismo.
- Ego negativo = Rechazar la compasión y los límites.

¿Qué es el amor? = Mi armonía con el mundo; la actitud humilde hacia el libre albedrío de los demás.

¿Qué son los poderes autocurativos de una persona? = La disposición y la capacidad para querer desarrollarse; la energía del amor hacia nosotros mismos que nos ayuda; el despertar de la chispa divina dentro en nuestro interior; el conocimiento de la plenitud.

¿Cualquier persona es capaz de curar? = El amor siempre cura; Sí, puesto que el amor de Dios está en todos nosotros.

¿Cualquiera puede ser clarividente? = Cualquier persona que esté preparada para ver la belleza que hay en los demás puede ser clarividente; todos lo somos ya, solo tenemos que ser conscientes de ello.

¿Qué es el alma? = La sensación de ser uno mismo; la chispa divina en el camino hacia la luz; un lugar en el que sé: «¡Yo soy!»; también amor, sentimiento, energía.

¿Qué es el espíritu? = Pensamiento, claridad, voluntad; el amoroso acompañante del alma hacia el todo; la verdad propia

¿Qué es el cuerpo? = Acción, energía, actitud manifiesta, materia y forma.

¿Qué es la espiritualidad? = Compromiso con la vida; el camino hacia la interacción; pensamiento y conocimiento de los mundos espirituales.

¿Qué se puede esperar de los mensajes espirituales y qué no?

El libre albedrío

El libre albedrío es un regalo de Dios que no debe verse alterado ni por las personas ni por los ángeles. Eso significa que los ángeles no pueden contestar con «sí» o «no» porque entonces la persona vería reducida su capacidad de decisión. Por eso es importante, desde el punto de vista psicológico, tener claro (o hacérselo ver al cliente) las posibilidades que ofrece la voluntad de elección a la hora de apartarnos de la impotencia y la incapacidad, y que dejemos de ser marionetas.

Flexibilidad

La flexibilidad es una condición para el empleo del libre albedrío. El sanador debe permanecer siempre en la seguridad de su mensaje celestial para que el cliente pueda entender, sentir y actuar de forma correcta, y guiarle al poder de su libre albedrío. Una decisión verdaderamente correcta solo puede tomarse a partir de una mente clara y un sentimiento coherente.

Decisiones profesionales

Un ángel debe dar impulso hacia la dirección correcta y elevar sus capacidades o las de la persona que busca consejo sobre el momento actual. No obstante, el tiempo necesario para alcanzar el objetivo y cuál debe ser ese objetivo es algo que solo la propia persona (consciente o inconscientemente) puede decidir.

Decisiones personales

Un ángel no dirá «deja a esta persona» o «sigue con esta persona». Más bien, le reforzará a usted o a su cliente en su libre albedrío y le dará un impulso en la dirección correcta. Le dirá o le mostrará (también simbólicamente), por ejemplo, «Todavía te queda aquí una tarea», pero no «Debes quedarte aquí». Te transmitirá «Sigue tu camino interior», pero no «Márchate de aquí». Esto es aplicable a las relaciones, pero también a una mudanza, un cambio de trabajo, etc.

Dejar ir

Esto no se consigue quemando todos los puentes tras nosotros, sino mediante el trabajo de bendición y la consiguiente entrega del tema al mundo espiritual de luz. Debido al desbloqueo que se produce después, estamos en disposición de desarrollar una nueva y profunda confianza y tenemos los ojos bien abiertos ante nuevas posibilidades y soluciones.

Paciencia

La paciencia es un rasgo especialmente importante para el desarrollo de la personalidad espiritual y para una conexión duradera con lo divino. La paciencia es un signo de la confianza elemental. Mediante este rasgo se resuelven bloqueos y aumenta la disposición a encontrar soluciones de conformidad con el plan divino (cósmico) como «por sí solo». La paciencia es la base para nuestra conexión divina con nuestro despertar interior.

La función de la medicina en la salud

Un sanador no puede realizar una valoración de tipo sanitaria como, por ejemplo, un diagnóstico, ni abordar una operación o una urgencia médica, o decidir la toma de un medicamento. A menos que su punto de vista contradiga al terapeuta de la curación, al médico o al psicoterapeuta, y emita su valoración del cliente de forma responsable. En todos los problemas sanitarios el sanador tiene la posibilidad de activar sus propias energías curativas a través del mundo espiritual de luz y ayudar a la curación de una forma integral y sutil.

Algunas preguntas que pueden resultar de ayuda son:

- Visión espiritual: «¿Qué piensa equivocadamente la persona?». (“Yo no valgo nada»; «Siempre me pasa algo»).
- Trasfondo anímico: «¿Qué le asusta a la persona?» (antiguo trauma).

Medidas que ayudan:

- Mensajes celestiales
- Ejercicios energéticos
- Ejercicios de meditación
- Oraciones y bendiciones
- Imposición de las manos

Apertura del corazón y amarse a uno mismo

Lo primero que debe procurar es abrir su corazón a usted mismo, ya que de este modo es usted tan fuerte que puede dirigirse a otras personas con el corazón abierto sin resultar herido. Siempre que se encuentre en una fase crítica, acuérdese de abrir un poco más su corazón hacia usted y de abrazarse interiormente igual que abrazaría a un niño.

Pasado – Presente – Futuro

Las personas deberían conformar su futuro a partir de su presente. Hacer las paces con el pasado es tarea del presente. Por eso, todos los mensajes celestiales hacen referencia al aquí y el ahora. Cuando transmita mensajes celestiales, dele a la persona a la que van dirigidos un impulso hacia el presente. Todo lo demás se desarrolla por sí solo con los poderes divinos.

Nombres de ángeles

Ya he hablado de esto, pero me gustaría volver sobre este asunto central. A los seres luminosos solo les pueden poner nombre las personas, ya que estos, realmente, no tienen nombre alguno. Los ángeles no son personalidades individuales como nosotros, sino que actúan para que su protegido comprenda y se aferre a su tarea (así actúa nuestro ángel de la guarda) o para fortalecer las cualidades luminosas de las personas (así actúan los arcángeles).

Los ángeles poseen en su campo energético una vibración que las personas clariaudientes interpretan como una melodía, asignándole un nombre. Al ángel no le importa que la persona le asigne su nombre preferido si de esta manera consigue una mejor conexión, pero realmente el mundo espiritual no lo necesita. En algunos casos a los niños les gusta elegir el nombre de una flor para su ángel de la guarda porque así, además, se conectan con la energía del cielo y de la tierra. Pero no es necesario.

Un ángel en forma masculina o femenina

Un ángel se muestra de una u otra forma porque esta imagen está ligada con un mensaje para el protegido. Los ángeles no tienen ninguna orientación sexual, sino que son seres luminosos sutiles cuya forma se corresponde con el mensaje que vayan a transmitir y, por tanto, pueden variarla. Su cualidad fundamental, naturalmente, permanece siempre presente, puesto que se corresponde con la esencia de su protegido. El género específico del ángel de la guarda tiene que ver, sobre todo, con la tarea en la vida de su protegido, pero no hay ninguna relación entre el sexo del ángel de la guarda y el de la persona.

Obsesión por el control

Las personas siempre quieren saberlo todo. No obstante, como consejero, tenga cuidado de no satisfacer en todo momento el posible control compulsivo de la persona que busca consejo (por ejemplo, puede hacerse notar a través de constantes preguntas repetitivas o de una excesiva intranquilidad). Debe existir una necesidad natural de comprender las cosas a través de una actitud calmada y plena de confianza.

Sexualidad

1. Cuando las personas plantean preguntas relacionadas con la sexualidad, el ángel les conducirá al tema de la confianza, ya que él no

puede decirnos nada sobre nuestro cuerpo físico terrenal, sino solo sobre nuestros motivos. La felicidad en la sexualidad tiene que ver, por ejemplo, con la confianza elemental y el dejar ir.

2. Desde el punto de vista espiritual, la denominada sexualidad pura y sagrada se consigue a través de la confianza y el placer. En este sentido, cualquier tipo de sexualidad que sea buena para ambas personas está perfectamente bien, puesto que sus sentimientos e intenciones son verdaderos y puros.
3. Cuando se rechaza la sexualidad, da igual por qué razón, rara vez hay detrás verdaderos motivos (salvo caso de enfermedades) que justifiquen esta reacción. Más bien suele tratarse de un intento de evitar el desarrollo de nuestra verdadera e intima confianza. Hoy en día, la abstinencia no responde a ningún sentido espiritual elevado.

El camino hacia una respuesta a la pregunta sobre la sexualidad puede también estar ligado a complejas preguntas y respuestas subyacentes. Por eso, no debemos alejarnos demasiado de la cuestión central, sino dejarnos guiar por el mensaje celestial que recibimos.

Dudas

Dificultan el desarrollo de lo bueno y nos paralizan, mejor dicho, actúan como freno energético.

a) Pensamientos = Observe sus pensamientos.
b) Sentimientos = Deje siempre que predominen los sentimientos amorosos.
c) Acción = Realice cosas para seguir avanzando a lo largo de su propio desarrollo espiritual.

Habrá fases con las que volverá a encontrarse una y otra vez y en las que se repitan etapas del desarrollo. Esto es así para que usted pueda seguir progresando en su desarrollo actual.

Ejercicio del arcángel Gabriel para el reconocimiento.

Este ejercicio ayuda a las personas que desean curarse a sí mismas y a aquellas que actúan como sanadoras a aclararse y a purificarse. Esto es un requisito para la curación. Yo he recibido este ejercicio del arcángel Gabriel. Con su ayuda, somos capaces de reconocer con mayor facilidad posibles bloqueos y obstáculos en nuestro desarrollo. También identificamos mejor de qué forma podemos superar estos obstáculos, es decir, cómo podemos eliminar más fácilmente estos bloqueos y patrones. El arcángel Gabriel le ayuda a desarrollar su propia maestría. Este ejercicio se realiza sentado y dura alrededor de media hora. A continuación, repasaré brevemente los pasos.

EJERCICIO PARA EL RECONOCIMIENTO

- Respira tres veces.
- Invita a tu ángel de la guarda: «Querido ángel de la guarda, por favor, ven a mí y actúa en todo lo que yo haga».
- Relaja tu cuerpo de arriba abajo.
- Siente si percibes un dolor o una mancha oscura en el cuerpo. En caso de que sea así, siente en esa parte.
- Siente tu chacra del corazón cálido y suave.
- Haz la pregunta, es decir, siente de forma consciente: «¿Dónde está almacenado exactamente ese dolor en el chacra del corazón (derecha, izquierda, hacia arriba o hacia abajo)?». Todos los dolores que sentimos en el cuerpo están también almacenados con sus causas en el chacra del corazón.
- Pregunta en el espacio de tu corazón: «¿Cuándo ha surgido por primera vez este dolor?».
- Observa las imágenes o recuerdos que aparecen. (Casi siempre aparecerá también la imagen de un niño pequeño).
- Ahora, dile a tu niño interior una bendición curativa: «Sé que no has recibido el amor y la plenitud que necesitabas, pero debes

saber que este amor y plenitud solo puedes recibirlos del mundo divino espiritual de luz. Observa un brillante halo de luz divina que baja hasta ti. Acéptalo y déjate calentar por él».

- Date, es decir, a tu niño interior, un descanso para que la luz, el calor y el amor sigan actuando.
- Ahora, te giras de nuevo hacia ti mismo, es decir, hacia tu niño interior: «Detrás de ti está tu ángel de la guarda que te rodea con sus alas. Disfruta de su abrigo. Eres amado».
- Imagínate (o siente inmediatamente): un halo de luz baja hasta ti. Siéntelo como si se tratase de una catarata que con sus ondas lleva tu profunda respiración a través de tus pies, tus piernas, tu abdomen, tu espalda, tu vientre, tu pecho, tu cuello y tu cabeza.
- Ahora, envía la onda curativa allá donde desees.
- Tómate un breve descanso.
- Para finalizar el ejercicio, ríete a través de tu siete chacras, de arriba abajo hasta volver a «aterrizar» en la tierra.
- Por último: siente en el chacra del corazón la cruz luminosa. Respiras profundamente haciendo que la cruz de luz se eleve hacia el cielo; expulsas el aire y la cruz de luz vuelve a descender hacia la tierra. Sigue respirando para que la cruz se mueva también a izquierda y derecha.
- Después, percibes un círculo luminoso que se coloca alrededor de esta cruz como un círculo protector, que te lleva hasta tu interior y te conecta con el cielo, la tierra y el mundo.
- Termina esta meditación (y cualquier otra meditación) sonriendo a tu chacra del corazón y diciéndote: «me quiero».
- Ahora, respira nuevamente tres veces y regresa al aquí y el ahora.

Con este ejercicio su subconsciente es capaz de reconocer que usted no espera ni tiene que ir a buscar el amor a ningún lugar del exterior, sino que el amor ya está en usted y que, con la ayuda de los ángeles, puede hacer que fluya. Dado que este ejercicio es del arcángel Gabriel, él está presente sin necesidad de que le «inviten», y actúa en la energía de la catarata.

- Las personas que deseen actuar como sanadoras deben tener una personalidad estable.
- Los sanadores deberían mostrarse siempre receptivos a nueva información e indicios y evitar toda idea parcial.
- Los auténticos sanadores no piensan que son capaces de curar a todo el mundo.
- Los sanadores necesitan un criterio racional, una estabilidad emocional y un cuerpo hasta cierto punto sano (ya que pueden activar y reconocer en sí la energía curativa).

Recomendaciones importantes para la responsabilidad de sanadores y clientes

Todo cliente contribuye al menos en un 50% al éxito de su recuperación a través de su libertad y de su propia responsabilidad. Todo sanador, mediante su impulso curativo, su convicción en un sentido luminoso de la vida y su confianza en la fuerza divina que hay en toda persona tiene, como máximo, un 50% de responsabilidad, es decir, de participación en el éxito de la recuperación.

Nosotros, como sanadores, no tenemos la tarea de compadecer aún más a las personas, sino de sentir con ellas y transmitirles un mensaje celestial luminoso. Con aprovechar al máximo todas las posibilidades estaremos cumpliendo con nuestra responsabilidad y habremos permanecido veraces ante la luz.

El momento correcto en el proceso de madurez de una persona depende, a menudo, de cuándo es capaz de aceptar su mensaje.

Para el desarrollo de una personalidad espiritual y para poder separarnos de forma saludable de la posible polaridad negativa de los demás, es imprescindible curar dependencias que existan con los padres, la pareja o los hijos. Solo así se puede levantar una relación sincera y amorosa con uno mismo y con los demás.

Los sanadores, además del esfuerzo para mitigar las dolencias y los síntomas, y la búsqueda y curación de sus causas, deben también favorecer siempre la propia responsabilidad del cliente.

Es igualmente comprensible y legítimo que las personas que padecen dolencias físicas, psíquicas o espirituales acudan a naturópatas, médicos o psicólogos en busca de consejo y ayuda, y que confíen en ellos.

Cosmogetic

La cosmogetic es el estudio de la eficacia de la energía cósmica y el aprendizaje de la recepción y el empleo de las energías curativas espirituales. Este aprendizaje se basa en las experiencias de siete años de trabajo curativo. No se lee ni está tomado de ninguna otra doctrina. La cosmogetic es un conocimiento que yo he recibido directamente de los ángeles. La cosmogetic no ha concluido aún en su desarrollo. Continuamente se van agregando cosas nuevas y especiales. Este aprendizaje tampoco pretende erigirse como una sola y única verdad. No está ligado a ningún tipo de dogma o norma de fe. Hay otros métodos curativos y formas de terapia que pueden y deberían ser seguidos también.

Hay que entender la cosmogetic como un complemento espiritual, como un tipo de método espiritual complementario, como una posibilidad maravillosa de descubrir, favorecer y aplicar las energías curativas en usted mismo o en otros como, por ejemplo, sus clientes. El Cosmogetic-Institut, en el distrito de Bodensee, en Alemania, existe desde hace cuatro años y ofrece distintos cursos de formación.

Mi deseo para el futuro

Les deseo a todos los lectores un camino vital libre y bendecido. Espero que usted tome de este libro muchos impulsos útiles para su camino personal y que los pueda aplicar a diario. Le deseo que encuentre la plenitud en su vida y que sea feliz.

Notas

1. En mi libro *Erzengel* (en castellano, «Arcángeles»), que fue publicado en otoño de 2009 por la editorial Knaur, de Múnich, describo a estos siete arcángeles, así como a otra serie de otra arcángeles y ángeles muy detalladamente. En mi columna de la publicación *ENGEL* sobre la ayuda a través de las energías curativas trato los días de la semana de forma individual a lo largo de todo un año.
2. Charles Haanel, *La llave maestra*, Ediciones Obelisco, Barcelona, 2007.
3. http://wiki.anthroposophie.net/Unterbewusstsein
4. Los libros del doctor Larry Dossey se publicaron en alemán a mediados de los años noventa, por ejemplo: *Palabras que curan: el poder de la plegaria y la práctica de la medicina*, así como: *Tiempo, espacio y medicina*. En los Estados Unidos todavía hoy son referencia para el debate sobre formas eficaces de la curación espiritual.
5. El texto de la oración es idéntico al de la oración de mi primer libro *Engel und die Neue Zeit* (en español, «Los ángeles y la nueva era»), publicado en alemán en formato de bolsillo por la editorial Allegria Verlag (Berlín, 2009). Se trata para mí de palabras permanentes que debido a su eficacia he decidido no modificar.
6. El denominado ejercicio del doble lo he descrito en mi libro *Engel und die Neue Zeit*, a partir de la página 161 y sucesivas.

Sobre la autora

Jana Haas, Cosmogetic-Institut, Hubenmühle 4, D-88634
Herdwangen-Schönach
Tel. +49-(0)7552-938339, Fax +49-(0)7552-938626
E-Mail: anna@jana-haas.de;
Web: www.jana-haas.de

Además de conferencias, tardes de meditación con ángeles, cursos diarios y seminarios semanales, Jana Haas ofrece desde hace varios años dos cursos intensivos de formación. Hasta el momento, ocho grupos han realizado dicha formación. El contenido de este libro se basa en estas experiencias prácticas. Los cursos se denominan *Sanador energético* y *Mirada espiritual.*

Jana Haas también trabaja ocasionalmente como asesora para la investigación de posibles trasfondos espirituales, junto al terapeuta de la curación Werner Wider, en Naturmedizin Bodensee. Más información en: www.naturmedizin-bodensee.de

Actualmente, Jana Haas colabora con la publicación *ENGEL*, de aparición bimensual (disponible en quioscos y librerías), transmitiendo mensajes celestiales diarios con interpretaciones de Wulfing von Rohr. Más información en: www.Engelmagazin.de

Para ver libros recomendados por la autora, set de cartas, obras de Jana Haas y material audiovisual consultar: http://www.janahaas.com

Anexo

Observaciones sobre la base jurídica del trabajo curativo

Dado que constantemente me preguntan por la base jurídica del trabajo curativo y yo no soy jurista, inserto aquí, a modo de «información» un texto que se publicó en el marco de un procedimiento judicial.

La legislación actual alemana permite la colaboración entre médicos, naturópatas y sanadores. ¡Estas observaciones se hacen **sin la garantía** de que en el momento de la publicación de este libro la legislación pueda haber cambiado! Tienen como objetivo, por un lado, llamar la atención sobre la compleja legislación y, por otro, animar a todos aquellos lectores que deseen trabajar como sanadores a que se asesoren con las directivas válidas y a que conozcan y empleen la curación espiritual.

Tras muchos años de disputas jurídicas, finalmente, se ha dado un salto de calidad decisivo en la legislación alemana: tras la decisión del Tribunal Constitucional de Alemania del 2 de marzo de 2004, se permite la curación espiritual sin necesidad de ostentar el título de naturópata.

Hasta esa fecha, en Alemania la curación espiritual estaba permitida a aquellas personas que la realizaran con fines profesionales o comerciales, y había que ser médico o naturópata para ello. La decisión del Tribunal Constitucional de Alemania permite, ahora, la curación espiritual a aquellas personas que deseen activar sus poderes autocurativos sin el citado título. Para garantizar que los pacientes/clientes no sean aconsejados por charlatanes que se amparen tras conocimientos médicos y puedan poner en riesgo su salud, se sigue aplicando el siguiente principio: el sanador debe indicar antes del comienzo del tratamiento que la curación espiritual no sustituye en ningún modo el tratamiento de médicos o terapeutas, y no pueden emitir ningún tipo de diagnóstico médico.

Los sanadores que son miembros de la DGH (organización destinadas a la curación espiritual, según sus siglas en alemán) saben que su labor es complementaria, es decir: completan al resto de profesionales médicos reconocidos como médicos, terapeutas y naturópatas, y, por tanto, expresamente no como alternativa en el sentido de uno y otro. Por eso no es de extrañar que entre los miembros de la DGH se encuentren también médicos, psicoterapeutas y naturópatas. Los métodos de la curación espiritual deben estar a disposición de todas aquellas personas que lo deseen como complemento de los métodos curativos reconocidos. La decisión del Tribunal Constitucional de Alemania hace posible, ahora, de forma muy sencilla la cooperación entre los distintos «sectores». El médico, por ejemplo, diagnóstica y trata la enfermedad, mejor dicho, la dolencia, y asume por ello la responsabilidad. Sin embargo, él puede recomendar a un paciente/cliente que acuda a un sanador (sin necesidad de supervisarlo), ya que, conforme a la legislación actual, la curación espiritual no constituye un tratamiento médico, sino una práctica religiosa o pastoral que tiene como objetivo la activación de las energías autocurativas.

Breve información sobre los objetivos y tareas de la DGH

La organización para la curación espiritual (DGH) fue fundada el 18 de febrero de 1995. Es una agrupación de sanadores, médicos, naturópatas, pacientes y legos comprometidos. La DGH cuenta a día de hoy con más de 5000 sanadores, incluyendo a las asociaciones de miembros.

Su objetivo es el de integrar la curación espiritual como elemento natural de la salud, al igual que sucede en otros países europeos desde hace tiempo. La curación espiritual ofrece posibilidades adicionales para aquellas personas que buscan ayuda, y no entra en conflicto con otros métodos de curación. Con la decisión del Tribunal Constitucional de Alemania del 2 de marzo de 2004 se consigue cambiar la antigua legislación y legalizar la curación espiritual.

La organización para la curación espiritual:

- Aboga por la integración de los métodos curativos espirituales en la salud.
- Ha logrado, con la decisión del Tribunal Constitucional de Alemania, que los sanadores puedan trabajar legalmente y con los mismos derechos juntos a los médicos y naturópatas, y que los pacientes puedan escoger libremente su forma de terapia.
- Ofrece asesoramiento sobre las posibilidades y los límites de la curación espiritual, y proporciona gratuitamente a aquellas personas que buscan ayuda sanadores con la correspondiente cualificación, que son miembros de la DGH.
- Defiende los derechos de los pacientes/clientes, así como de los sanadores en Alemania.
- Asesora a sus miembros, sin coste alguno, sobre cuestiones legales relacionadas con la curación.
- Supervisa el cumplimiento de unos códigos éticos de comportamiento que son obligatorios para todos sus miembros.
- Lleva a cabo proyectos de investigación sobre métodos curativos espirituales, se encarga de documentar los éxitos curativos y busca la colaboración de médicos y clínicas.

Verona Gerasch (es responsable de la comisión encargada de las publicaciones de la DGH).

Periodista/consejera de medios, además de sanadora.
Dorfbachstraβe 31, 78655 Dunningen

Más información:
Agencia de la DGH, Steigerweg 55, 69115 Heildelberg,
Teléfono: 06221/191606
Mail: info@dgh-ev.de, www.dgh-ev.de

La curación espiritual también es posible sin el título de naturopata

Un largo camino hasta la decisión del Tribunal Constitucional de Alemania.

Curación espiritual

Desde tiempos inmemoriales podemos encontrar indicios de curación espiritual. La curación se separó de la religión y de los ritos cotidianos cuando surgieron las ciencias modernas y la gente comenzó a creer cada vez menos en la magia.

¡Los métodos y las posibilidades de la medicina ortodoxa a lo largo de las últimas décadas son enormes e indiscutibles! Todos nosotros acudimos al dentista cuando nos duelen las muelas o dejamos que nos escayolen una pierna rota o que nos operen si tenemos una úlcera en el intestino delgado. Sin embargo, no estamos tan contentos cuando tenemos las funciones corporales limitadas y nos tienen que «suministrar» medicamentos y tratar con aparatos. Toda persona desea y tiene derecho a que ser tratada y observada de forma integral.

Aquellas personas que están abiertas a los métodos curativos integrales comprenden la relación que existe entre todos los niveles de la vida, así como los niveles de la génesis y de la salud: cuerpo, mente y alma.

El abanico de posibilidades de la curación espiritual y energética es muy amplio. Para aquellos que buscan ayuda resulta indiferente que la imposición de las manos se la realice un sanador formado en la escuela inglesa, que actúe la energía Reiki, la Huna o que se le practique la extremaunción.

Lo curioso, en el más auténtico sentido de la palabra, es que cualquier tipo de curación espiritual es efectivo. No tiene sentido discutir o pelearse por cuál es el más «adecuado». ¿Acaso no tienen todas las formas y clases, todas las experiencias relacionadas con la curación espiritual, el mismo origen, a saber, Dios? Y sin embargo, las personas somos muy diversas en nuestra individualidad, muy distintos nuestros caminos (también hacia Dios) y muy distintas a la hora de acceder a la curación y la salud.

La organización para la curación energética es algo así como una «casa» en la que cualquiera que emplee, practique o utilice la curación energética puede encontrar un «techo sobre su cabeza» siempre y cuando respete unos principios morales y éticos. Más de 5000 miembros y asociaciones están unidos bajo este techo, lo que, seguramente y no en vano, ha conducido a la victoria en el Tribunal Constitucional de Alemania.

Con la decisión del Tribunal Constitucional de Alemania (AZ: 1 BvR 784/03; el texto completo puede descargarse en la web www.dgh-ev.de) se puede practicar la curación espiritual sin necesidad de tener el título de naturópata. El objetivo común de los sanadores sigue siendo practicar el trabajo curativo con los mismos derecho que otros tratamientos y formas de terapia reconocidos y buscar la colaboración con médicos, clínicas y naturópatas. Dejen que investiguemos y documentemos los métodos espirituales y sus éxitos para que todos podamos usarlos.

En Inglaterra las investigaciones de las aseguradoras sanitarias han revelado que la curación espiritual en los casos de pacientes con dolencias crónicas ha conducido a una reducción significativa del uso de analgésicos. Allí, los sanadores trabajan de forma completamente oficial y reconocida en los hospitales junto a los médicos.

Solo en Alemania el ahorro de costes en gasto sanitario que supone la reducción del uso de medicamentos es de 9000 millones de euros al año.

En los Países Bajos, Suiza y Gran Bretaña algunos hospitales dan una remuneración a los sanadores para, por ejemplo, ahorrar costes en medicamentos. En Alemania se devuelven los gastos que genera la forma de curación espiritual japonesa, el «Reiki», como «gesto de buena voluntad».

Debemos continuar por este camino.

(Extracto de la «Guía de los derechos de los sanadores/practicantes miembros de la DGH»):

Curación Espiritual sin la acreditación de naturópata

Los sanadores que practican la imposición de las manos para activar las energías autocurativas del cliente se diferencian, en general, de la imagen de un médico o naturópata. La ley de naturópatas, por tanto, no es de aplicación aquí. Lo mismo sucede con las actividades de naturaleza religiosa o la práctica de rituales. La razón es que los sanadores no emiten ningún tipo de diagnóstico médico.

Se permite:

- El tratamiento específico de la enfermedad cuando procede del diagnóstico del médico/naturópata. El médico/naturópata, por tanto, puede derivar al paciente/cliente al sanador.
- El sanador no debe trabajar en la consulta del médico. Puede hacerlo en casa.
- Para el médico/terapeuta esto tampoco es un problema, ya que no asume ninguna responsabilidad médica, sino una responsabilidad pastoral.

Se prohíbe:

- El diagnóstico como, por ejemplo, el análisis mediante radiónica.
- Recetar flores de Bach, esencias u otro tipo de medios que debieran ser utilizados como método curativo.

- La publicación de historiales médicos o cartas de agradecimiento.
- La publicación de la eficacia curativa de ciertas sustancias.

El sanador, por tanto, es responsable de que el paciente no le tenga por un médico y no confunda la curación energética con la medicina. Por este motivo, el Tribunal Constitucional de Alemania exige a los sanadores una serie de aclaraciones. El sanador tienen dos opciones:

- Entregar al paciente la correspondiente hoja informativa antes de empezar el tratamiento.
- Tener en su lugar de trabajo y en un lugar bien visible un cartel donde se informe debidamente de ello.

El cartel podría decir así:

La curación espiritual sirve para activar los poderes autocurativos y no sustituye el diagnóstico ni el tratamiento del médico/naturópata.

La hoja informativa debería decir algo así:

La curación espiritual sirve para activar los poderes autocurativos y no sustituye el diagnóstico ni el tratamiento del médico/terapeuta.

Mediante mi firma acredito que he recibido esta información antes del comienzo del tratamiento.

Lugar *Fecha* *Firma del paciente*
(en el caso de menores, firma de los padres)

La sentencia del Tribunal Constitucional de Alemania de 2004 puede leerse en:

http://www.bverfg.de/entscheidungen/rk20040302_1bvr078403.html

(Libre para su uso no comercial)*.

---

* En otras zonas geográficas distintas deberá consultarse con los ministerios u organismos pertinentes lo relativo a las bases jurídicas de la curación espiritual.